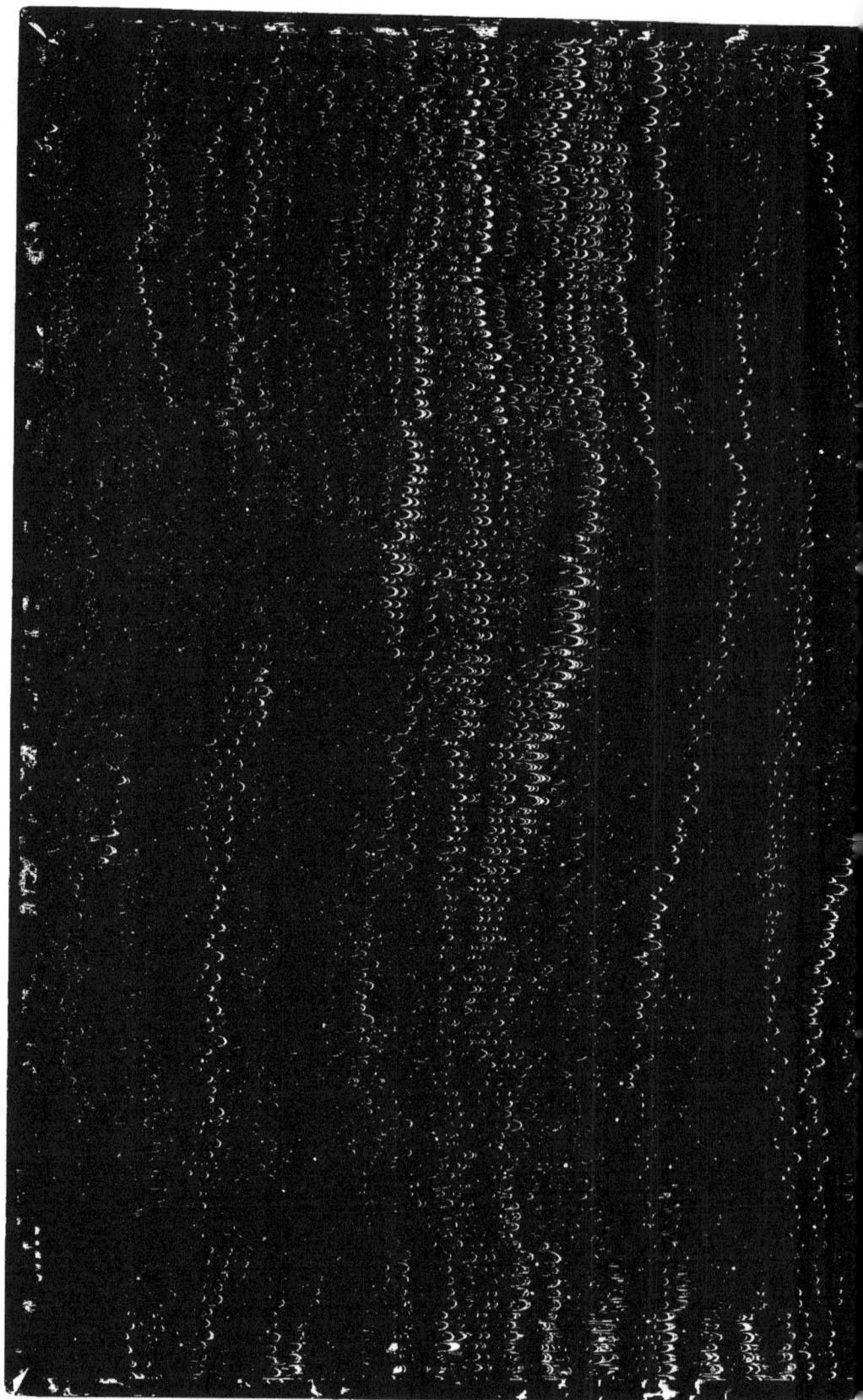

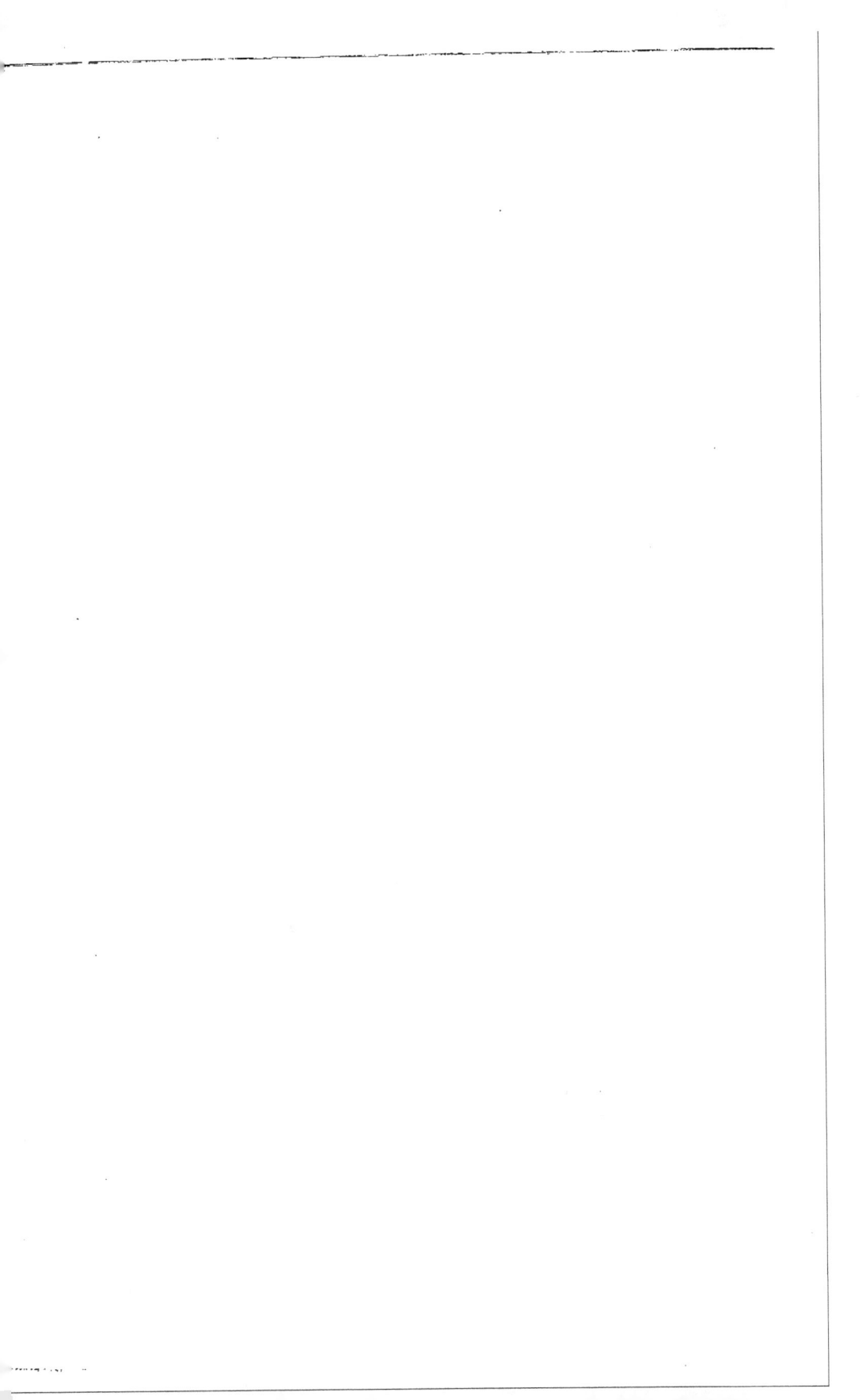

G

LES PEUPLES PRIMITIFS

DE LA RACE DE IAFÈTE.

ESQUISSE ETHNO-GÉNÉALOGIQUE ET HISTORIQUE

PAR

F. G. BERGMANN,

(DE STRASBOURG.)

Attention et respect ! il s'agit de vos pères.
LOPEZ DE VÉGA.

———◄●●●►———

COLMAR,

Imprimerie et Lithographie de Mme veuve DECKER.

1853.

A L'ILLUSTRE MÉMOIRE

DE SON MAÎTRE, AMI ET PROTECTEUR,

M. EUGÈNE BURNOUF

QUI, COMME SON PÈRE, ÉTAIT A LA FOIS DISTINGUÉ

PAR SA HAUTE INTELLIGENCE

ET PAR SON CARACTÈRE AIMABLE.

BERGMANN.

LES PEUPLES PRIMITIFS

DE LA

RACE DE IAFÈTE.

Attention et respect ! il s'agit de vos pères.

LOPEZ DE VÉGA.

———

La parole du poète latin :

Felix qui potuit rerum cognoscere causas !

n'est pas seulement une louange et un encouragement pour la métaphysique : elle a aussi une portée telle qu'elle devrait servir d'épigraphe
à toute recherche de la science et principalement aux études si diffi-
ciles sur l'histoire primitive de l'humanité. En effet, sans la connaissance des causes et des origines, que serait l'histoire sinon un tableau
infini sans lumière, une énigme plutôt propre à tourmenter l'intelligence qu'à l'éclairer et à la satisfaire. L'histoire de l'antiquité restera
un spectacle incompréhensible aussi longtemps qu'on ne sera pas
arrivé à distinguer nettement les origines et les caractères particuliers
des peuples qui y figurent et à reconnaitre quels ont été le berceau, les migrations, la dispersion et le mélange des races primitives.
Mais pour acquérir cette connaissance si profitable, il est tout d'abord
nécessaire de porter ses regards scrutateurs plus haut dans l'histoire
qu'on ne le fait ordinairement et de diriger l'attention sur une foule

de détails, significatifs pour l'esprit sagace, mais qui jusqu'ici ont été ou bien complètement ignorés ou bien négligés comme insignifiants et dépourvus d'intérêt.

La généalogie ethnologique ou la succession, la lignée et la filiation des peuples forme une série continue et presque indéfinie dans le temps. L'historien scrutateur, en remontant cette lignée, n'aura donc d'autre raison pour s'arrêter, dans son investigation, à un point quelconque de cette série ascendante, sinon l'impossibilité où il se trouvera de remonter plus haut faute de données positives, soit traditionnelles, soit historiques. La table ethno-généalogique commencera donc pour lui avec les indications les plus anciennes fournies par le hasard de la tradition et par l'état fragmentaire des documents. Ce seront là pour l'historien les commencements ou les premiers âges des peuples primitifs. Au delà de ces commencements positifs il y aura cependant encore les origines proprement dites ; il y aura l'origine de l'espèce humaine ou la racine de la souche de l'humanité. Mais, on le conçoit, de même que dans un arbre, les racines enfouies dans le sol sont cachées à la vue et n'existent en quelque sorte, pour notre entendement, que par une supposition qui, pour être pleine de certitude, n'en est pas moins une hypothèse, de même aussi les racines de l'arbre ethno-généalogique ou les origines des peuples primitifs et de notre espèce en général sont inconnues à l'histoire positive par cela même qu'elles sont antérieures à toute tradition humaine. Ces origines ne sauraient donc être entrevues que par la métaphysique et par l'anthropologie, c'est-à-dire par des sciences moitié physiques moitié philosophiques, lesquelles ne demandent pas, comme l'histoire, des témoignages et des documents positifs, mais s'appuient sur des raisons inductives puisées dans la nature physiologique de l'humanité. Il y a plus : non seulement l'histoire ne remonte pas jusqu'aux origines de l'espèce humaine, elle ignore même comment s'est effectuée la séparation de notre espèce en différentes souches et comment de ces souches sont sorties les différentes races primitives. C'est que l'histoire, dès l'origine, nous présente des peuples primitifs déjà différenciés les uns des autres et que naturellement nous rattachons, par la pensée inductive, à certaines souches premières; mais elle ne nous montre pas ces souches elles-mêmes et encore moins la racine unique de ces souches ou l'unité de notre espèce. Semblables aux arbres d'une certaine famille dont le tronc est tellement raccourci que les branches, commençant tout près du sol, semblent sortir de la racine elle-même, les peuples primitifs eux aussi, dès le commencement de l'histoire, forment déjà différents rameaux dont la souche, se confondant avec la racine, échappe, comme celle-ci, à nos regards et, comme elle, ne peut être entrevue que dans l'idée, soit par hypothèse ou par induction.

D'après la tradition biblique (Genèse x) la seule que nous ayons de l'antiquité sur la division des races, les peuples primitifs seraient issus des trois fils de *Noé : Sem, Hhâm* et *Iâphet*. Ces trois fils sont représentés comme ayant eu, à leur tour, pour fils les chefs des tribus devenues ensuite des peuplades et des nations et auxquelles ces chefs ont donné leurs noms, qui, de noms propres d'individus qu'ils étaient dans l'origine, se seraient changés en noms propres de nations. Nous ne traiterons ici, pour le présent, que *des peuples primitifs de la race de Iafète*. N'ayant point à parler de la souche elle-même nous n'examinerons pas la question si Iafète (héb. *Iâfet*, p. *Iaftèh, Il-épandra* sa race) et ses frères *Sem* (Renom) et *Hhâm* (Hâlé) sont des personnages historiques ou bien, ce qui est plus probable, s'il faut les considérer comme les personnifications et les représentants des trois races qui étaient principalement connues dans l'antiquité. Cependant, sans remonter à la souche des peuples iafétiques, il importe d'en déterminer le berceau primitif, du moins d'après les indications et les données fournies par les traditions les plus anciennes chez ces peuples. Ainsi en racontant que la postérité de Noé est descendue des hauteurs de l'Ararat dans les plaines du Sinéar, de l'Aram et du Canaan ; que cette postérité s'est multipliée dans ces pays et qu'ensuite les trois races, avec leurs différentes branches, se sont différenciées et séparées à Bâbel, la tradition biblique énonce implicitement que, selon elle, le berceau primitif de la race de Iafète était dans le Sinéar d'où ces peuples déjà différenciés se sont portés au Nord et à l'Est, et se sont établis dans les pays où nous les trouvons au commencement de l'histoire positive. Si l'on excepte la tradition des Arméniens laquelle évidemment est plus ou moins calquée sur la tradition biblique, les plus anciens souvenirs des peuples iafétiques placent le berceau primitif de leur race dans des contrées qu'on ne saurait déterminer géographiquement d'une manière exacte, mais qu'il faudra chercher comme l'*Eden* de l'ancien Testament entre la mer Caspienne, l'Indus et le golfe persique. Suivant la tradition zende renfermée dans le livre

pehlevi le *Boun-dehèsch*, ([1]) le berceau ou la patrie primitive était nommée *Kounèrets* (zend. *Kaniraç*) ; c'est là qu'habitaient quinze peuplades
de même race dont neuf émigrèrent successivement dans des contrées
plus ou moins éloignées. Cette patrie primitive porte encore dans les
livres zends le nom de *Varena tchatru gaosa* (Excellente aux quatre angles)
sans doute parce qu'on la considérait comme un paradis ou jardin déli-
cieux et excellent de forme quadrangulaire. Ce qu'il y a de plus positif
d'après les résultats de nos études, c'est que les plus anciens peuples
iafétiques sont sortis d'une contrée nommée *Aryâ* (Vénérable) laquelle
était renfermée entre les pays qu'on appelait plus tard la Margiane et
la Baktrie au Nord, la Paropamisadie à l'Est, la Drangiane au Sud,
et la Parthie et la Karmanie à l'Ouest. Encore du temps de Ptolomée
(Géogr. 6, 17, 1) cette contrée portait par excellence le nom d'*Arie*
(gr. *àreia*). En résumant et en combinant ensemble toutes les données
traditionnelles, épiques, philologiques, géographiques et historiques
sur les premiers établissements des peuples de la race de Iafète, nous
sommes arrivé aux résultats positifs que nous allons exposer.

Environ vingt-cinq siècles avant notre ère, les plateaux de l'Asie
occidentale bornés par le lac Aral et le Djihoun au Nord, par l'Euphrate et le Tigre à l'Ouest, par le golfe persique et la mer des Indes
au Sud, et par le Sindhus et les Monts-nébuleux (Belurt-tagh) à l'Est,
étaient habités par une race d'hommes issue d'une même souche à
laquelle nous donnerons le seul nom véritablement convenable à tous
égards, le nom de *souche iafétique*. A l'époque que nous venons d'indiquer cette race de Iafète confinait, 1° au Sud-Ouest, avec la race de
Sem qui habitait à l'Occident du Tigre ; 2° au Nord-Ouest avec la race
ouralienne qui s'étendait au Nord du Djihoun et dont les descendants

---

([1]) Il est d'usage chez les peuples de l'Orient de nommer quelquefois les livres
d'après le premier mot par lequel ils commencent. Ainsi la Genèse porte en hébreu
le titre de *Be-reschit* (Au-commencement) d'après le premier mot du premier
verset. De même aussi le livre pehlevi est nommé *Boundehèsch* (La race se divise)
parce que ce sont les mots par lesquels il commence. La classe noble et guerrière
chez les anciens Perses, puis chez les Parthes et surtout chez les Sassanides se
donnait le nom de *Pahlavas* (Guerriers) et c'est pourquoi l'idiome qu'on parlait
à la cour ou au camp de ces princes était appelé le *Pehlevi*. Le Boun-dehèsch dans
sa forme actuelle ne saurait avoir été rédigé avant le quatrième siècle de notre
ère ; mais il renferme des traditions tirées des anciens livres zends et qui remontent
par conséquent à une bien plus haute antiquité.

étaient au moyen-âge les Tatares-Monggholes les frères des Tongouses-Finnois ; 3° au Sud-Ouest avec la race malaie qui, d'abord établie au Sud de l'Himâlaya fut plus tard rejetée au-delà du Vindhya et enfin presqu'entièrement expulsée de la presqu'ile de l'Inde. Dans le cours de quelques siècles, à commencer de l'époque indiquée, les peuplades nombreuses dont se composait la race de Iafète s'agglomé-rèrent de plus en plus et formèrent des peuples qui, placés dans des cir-constances physiques et historiques différentes, se sont plus ou moins différenciés entre eux. Parmi ces peuples les uns, tout en s'étendant et en se déplaçant quelque peu, sont cependant restés continuelle-ment dans les limites entre lesquelles de tout temps leur souche s'était trouvée renfermée. Les autres au contraire poussés soit par la famine, soit par le besoin de s'étendre et de voyager, soit par d'autres causes physiques, morales ou sociales impossibles de déterminer aujourd'hui, sortirent de ces limites premières et s'établirent dans des contrées plus ou moins éloignées du berceau primitif de leur race. Ensuite, continuant leurs migrations vers l'Occident, quelques uns de ces peuples, semblables aux branches du figuier de l'Inde, ont pris plu-sieurs fois racine dans le sol, et c'est pourquoi ils ont passé faussement pour autochthones ou pour la souche primitive de leur race dans les différents pays où ils se sont fixés successivement. Pour traiter con-venablement notre sujet nous allons retracer à grands traits le tableau des divers peuples de la race de Iafète, en observant autant que pos-sible l'ordre indiqué par l'époque présumée de leur constitution comme corps de nation, et en suivant la direction de l'Est à l'Ouest qui est celle de leur migration de l'Asie en Europe. Comme, malgré leurs déplacements, la plupart des différentes branches de la famille de Iafète ont gardé généralement, les unes par rapport aux autres, leur ancienne position géographique de l'Est à l'Ouest, nous les rangerons en trois séries ou groupes, savoir : 1° le groupe oriental ; 2° le groupe sud-occidental ou intermédiaire, et 3° le groupe nord-occidental.

A. GROUPE ORIENTAL.

Parmi les nations dont se composait originairement la famille iafé-tique, il y en avait principalement quatre qui entre elles avaient des rapports plus étroits et plus intimes qu'avec les autres branches de leur race. Ces quatre nations se donnaient à elles-mêmes le nom de *Honorables* (sansc. *áryâs*, gr. *ârioï*); elles ont dû former dans l'origine un seul et même peuple et habiter primitivement une seule et même contrée, savoir l'ancienne *Arie* (sansc. *âryâ* Distinction, all. *Ère* Honneur) qui était sans doute le berceau de leur race. C'est donc selon toute probabilité de ce pays qu'émigrèrent dans les quatre directions opposées les peuplades qui ont donné naissance aux quatre nations dont nous avons à parler en premier lieu, savoir : I. les Aries de l'Inde ; II. les Aries de la Baktrie ; III. les Aries de la Médie ; et IV. les Aries de la Perse.

I. LES ARIES DE L'INDE.

A-peu-près vingt-cinq siècles avant notre ère, des peuplades sorties de l'Arie primitive se sont dirigées vers le Sud-Est et se sont établies sur les bords du *Sindhus* (Fleuve, gr. *Indos*), ce qui a fait donner à leurs descendants le nom de *Sindhavás* (Riverains, gr. *Indoï*, fr. *Indous*). Plus tard, partant de là, des tribus s'étant dirigées de nouveau vers le Sud-Est, se sont établies dans le pays des *Cinq-eaux* (sansc. *Pantch-âp* aujourd'hui *Pendjâb*), où elles fondèrent de petites royautés sacerdotales qui florissaient pendant l'âge héroïque et épique des Indous de l'an 2000 environ à 1500 avant notre ère. Des émigrants sortirent ensuite, à leur tour, de la Pentapotamie (*Cinq-eaux*) et se portèrent encore au Sud, ou (comme on disait, suivant l'*orientation* usitée chez ces peuples), à *droite*, pour se fixer dans la *Méridionale* (sansc. *Dakchinâ* aujourd'hui *Dekkhin*; cf. gr. *deksia*, lat. *dextra*) ainsi appelée à cause de sa situation au Sud ou à droite par rapport au Pantch-âp, l'ancienne patrie des émigrés. Ces nouveaux colons se répandirent peu à peu dans la Méridionale jusque vers l'embouchure de la *Gangâ* (gr. *Gangès*) et donnèrent ensuite à toute cette contrée le nom de *Contrée-honorable* (sansc. *âryâ-vartta*). Plus tard encore des émigrés sortis de l'*âryâ-vartta* passèrent au Sud les monts du Vindhya et se répandirent successivement dans toute la partie méridionale de la presqu'île qui prit enfin le nom de *Ile aux Myrtacées* (sansc. *Djambou-dvipa*). Depuis lors les habitants primitifs dans ces contrées et qui appartenaient sans doute à la race malaie, furent refoulés peu à peu, d'abord dans l'*Ile du Lion-*

ceau (sansc. *Sinhala-dvîpa* aujourd'hui *Ceylan*) et ensuite jusque dans les grandes et nombreuses îles de la mer des Indes.

Les Hellènes de l'Asie et de l'Europe, qui n'ont pas conservé le moindre souvenir de leur berceau primitif, ne se rappelaient pas non plus les rapports que leurs ancêtres ont pu avoir avec les Aries. Aussi du temps d'Homère et des Homérides où les connaissances géographiques des Grecs étaient encore excessivement bornées, l'Inde leur était encore entièrement inconnue; et si jamais ils ont entendu parler des Indous ils les ont rangés confusément sous le nom général et vague de *Visages-brûlés* (gr. *Aithiopès*) sous lequel on comprenait, sans cependant les connaître suffisamment, les peuples qu'on supposait habiter les bords extérieurs de l'Okéanos, depuis la Lybie et l'Egypte jusqu'au lever du soleil. Ce n'est qu'au temps des logographes que les Grecs apprirent des Mèdes, des Perses et des Assures l'existence des peuples qui habitaient au Sud-Est de l'Indus, et ils leur donnèrent dès-lors le nom de *Indes* (gr. *Indoï*) et à leur pays celui d'*Indie* (gr. *India*, pays des Indes). Cependant comme cette presqu'île ne fut connue des Grecs, d'une manière tant soit peu exacte, qu'au deuxième siècle avant notre ère, le nom d'Indie eut jusqu'à cette époque une signification aussi peu déterminée que l'était antérieurement celle du nom d'*Ethiopie* (cf. *Diodor.* 3, 14) et il désignait par conséquent, outre la presqu'île de l'Inde, aussi la presqu'île de l'Arabie et par extension encore l'Ethiopie proprement dite.

Quant aux peuples sémitiques qui, par l'intermédiaire des Arabes himyarites et des marchands phéniciens allant à Ophir et à Sokotara, auraient pu avoir sur l'Inde des notions bien plus précises que les Grecs, ils semblent cependant n'avoir eu, sous ce rapport, aucun avantage sur eux. En effet les Hébreux comprenaient, sans les connaître, les Indous sous le nom général et vague de *Kousch* qui était dérivé de celui de *Kouth* (cf. héb. *Kouthâ*, ar. *Kouschân*), par lequel les Assurs désignaient originairement le pays des Kousses (*Plut. Alex.* 72; cf. *Kusses* et *Kisses*, *Hérod.* 3, 91) établis à l'Est du Tigre. Comme ce pays formait la limite entre les peuples de race iafétique et ceux de race sémitique et qu'il était la première contrée limitrophe appartenant à des peuples de race iafétique, les Hébreux ont désigné par le nom de *Kousch* ou par celui de *fils de Kousch* tous les peuples à l'Est du Tigre; et cette désignation est devenue chez eux aussi vague et aussi générale comme l'était aux mêmes époques celle de *Aïthiopes* et de

Indes, chez les Grecs. C'est seulement plus tard, au sixième siècle avant Jésus-Christ, que les peuples sémites apprirent à connaître des Perses le nom de l'Inde qu'à l'exemple du nom zend ou pehlevi *Heando* (sansc. *Sindhou*) ils rendirent en hébreu par *Hoddou* (p. hondou), en syriaque par *Hendou* et en arabe par *Hindou*. Enfin il est arrivé que par l'invasion des Arabes conquérants dans l'Inde, le nom de hindou a été introduit, sous cette forme, dans le pays même, lequel fut appelé depuis *Hindou-stân* (pays des Hindoux). Aussi de nos jours, par abus et par extension, on a nommé *Hindoux* même les Aryâs, les anciens habitants de la presqu'île, bien que ce nom, de forme arabe, leur fût entièrement inconnue et qu'il ne soit réellement convenable que pour désigner les Indous modernes depuis l'époque de l'invasion des Musulmans.

Les anciens Aryâs ainsi que leurs descendants les Hindoux du moyen-âge et des temps modernes sont toujours restés dans cette presqu'île de l'Inde. Ils s'y sont maintenus libres de toute influence et même de toute domination étrangère, dans l'antiquité, jusqu'à l'époque de l'invasion des Huns dans l'Inde septentrionale vers 550 (v. *Cosmas Indicopleustes* XI, p. 638) et au moyen-âge, jusqu'à la conquête de la plus grande partie de la presqu'île, d'abord par les Moslemounes arabes ensuite par les hordes monggholes.

II. LES ARIES DE LA BAKTRIE.

Pendant que des émigrés, sortis de l'Arie primitive, se sont portés au Sud-Est pour s'établir définitivement dans la presqu'île de l'Inde, d'autres peuplades, partant également de ce berceau, sont allées au Nord ou (comme on disait dans leur idiome) vers le *bas* (cf. sansc. *avatch* en bas, au Sud) ou vers l'*arrière* (zend. *apâchtari*, septentrional) où elles s'établirent dans une contrée qu'à cause de sa situation septentrionale, par rapport à l'Arie primitive, on a appelée la *Septentrionale* (zend. *Apâchtari*, mède *Bakhdi*, perse *Baktris*, gr. *Baktria*). Les habitants de la *Septentrionale* ou les Baktries sont désignés dans les livres sanscrits sous le nom général de *Kâmbôdjâs* (cf. *Manou* X, 44) ou habitants du *Kambôdjas*, et leur domination s'étendait probablement encore sur les pays appelés un peu plus tard la *Sogdie* (mède *Suguda*) et l'Arachosie (Pays de la Rivière, sansc. *Sarasvatî*, zend. *Haraqaiti*, mède *Haruwatis*). L'empire des Baktries existait déjà dans la haute antiquité ; du moins la tradition épique et mythologique des peuples zends fait régner, dans leur capitale Baktrie, les dynasties célestes des *Peschdâdes* (Bons Justiciers) et des *Kayânes* (Géants) ; et les logographes grecs rapportaient que déjà Ninus d'Assyrie assiégea cette ville et s'en rendit maître par l'habileté stratégique de Sémiramis (*Diodor.* I, p. 165). Les Baktries, nation essentiellement commerçante, paraissent avoir été, longtemps avant les Aries de l'Inde, en rapport avec les peuples de l'Asie occidentale. Ils ont été soumis de bonne heure à la domination des Assurs, auxquels ils sont restés tributaires depuis la victoire remportée par Ninus sur le roi *Oxyartes* (cf. sansc. *Kchaya-rathas*, Chef de princes) jusqu'à la chute de l'empire d'Assyrie sous Sardanapale. Les Mèdes succédèrent aux Assurs, comme maîtres de la Baktrie, et plus tard cet empire, depuis la conquête faite par Cyrus, fut soumis aux rois des Perses qui établirent dans Baktrie une de leurs résidences d'été. Cette ville paraît avoir pris, depuis cette époque, le nom de *Balkh* (Forteresse, Ferté, Guerrière, cf. pers. *Pahlavâ*, Guerrière) qu'elle a conservé jusqu'à nos jours. C'est chez les Baktries qui dans l'origine avaient, quant au fond primitif, la même religion que les Indous, que s'éleva le réformateur *Zaratuchtro* (*Astre-d'or*, sansc. *Hari-tyachtri*, gr. *Zoro-astrès*, persan *Zera-docht*) lequel essaya de ramener la religion de ses compatriotes au culte plus simple des éléments et des astres, lequel avait été la religion primitive des peuples aries et sans doute aussi celle de tous les peuples de la race de Iafète. Encore aujourd'hui Baktrie ou Balkh, le berceau de la religion du Zend-avesta, passe chez les Behdins (Orthodoxes) parsis ou guèbres, comme Mekka et Médina chez les Arabes musulmans, pour une ville sainte et chérie du ciel.

III. LES ARIES DE LA MÉDIE.

Ce qui prouve que les ancêtres des Mèdes sont, comme les Indous et les Baktries, sortis de l'Arie primitive, c'est que suivant Hérodote (VII, 62) les Mèdes ont porté anciennement le nom de *Aries* (gr. *arioï*) ; et encore aujourd'hui la Médie est appelée *Irâk* (p. *Airyaka*, Tenant de l'Arie). *Aries*, c'était donc là le nom de leur race ; mais comme peuple ils s'appelaient *Mâdas* ; c'est ce nom que les Hébreux (Gen. X, cf. *Josèphe*, Antiq. 1, 6, 1) ont changé dans leur langue en *Mâdaï* et les Iônes (Grecs) en *Médoï*. La forme de *Mâda* était la prononciation grasséyante, habituelle aux Mèdes, du nom de *Mandas* (Doué d'esprit, germ. *Mannus*, Homme, norr. *mâdr*, cf. *Sauro-mates*, Hommes du Nord). Ce nom de Mandas s'est changé dans l'idiome perse en *Mard* (Homme) qui est identique au nom des *Mardes*, peuple de l'Arie (*Arrh. Alex.* 3, 24) et qui paraît n'avoir rien de commun avec le mot grec *Brotos* (Mortel, Homme) ni avec les congenères de celui-ci, de même que le mède *mâda* (Homme) n'avait rien de commun avec l'hébreu *met* ou l'éthiopien *mêt* (Mortel, Homme). Pour désigner les Mèdes les Arméniens disaient *Mâr* (p. *Mard*). Le nom des Mèdes ou *Mâdas* signifiait donc *Hommes* dans le sens de *Valeureux* (cf. persan *merdi*, Valeur) et il ne saurait être dérivé du sanscrit *Madhyâ* ou *Mádhyâ* (Moyenne, lat. *média*) ni par conséquent signifier *habitant du pays-du-milieu*. En effet, le nom de Médie (gr. *Mêdia*) était, au contraire, un dérivé du nom des Mèdes et signifiait Pays des Mèdes ou des Valeureux. D'ailleurs la dénomination de *Pays-du-milieu* (cf. *Madhya-daiças*, *Contrée centrale*, dans l'Inde; *Mess-apia*, *pays-du-milieu*, en Italie) ne convenait guère à la Médie, ni sous le rapport de sa position géographique, parce qu'elle était située non au milieu mais au nord des peuples aries, ou de l'Asie (cf. *Polyb.* histor. 5, 44), ou du monde alors connu; ni dans le sens symbolique, comme signifiant Pays central ou excellent, parce que les Mèdes ne prenaient pas leur pays, comme le faisaient les Chinois quant au leur, pour un pays central (chinois *Tschong-koue*, Empire-du-milieu) ou pour le pays par excellence.

Les *Mèdes* ne sont pas à confondre avec les *Mœdes* (gr. *Maïdoï*) qui étaient un peuple d'origine kamare ou kimrique (gaël. *maith*, Excellent, Maître). Ces *Mœdes* se sont alliés avec leurs frères les Bithynes sous le nom de *Maïdo-Bithynes* (*Steph. Byz.* s. v. Maïdoï): ils étaient établis successivement en Thessalie (*Liv.* 26, 25, *Plin.* 4, 1, 18) et en Macédoine (*Thucyd.* 2, 98); ils se sont même portés, comme d'autres peuples de race kelto-kimrique, jusqu'en Espagne. En effet, près des monts Herminies en Lusitanie il y avait le bourg nommé *Meido-briga* (Bourg des Meïdes). C'est de l'Espagne, sans doute, que les Maides ont passé en Afrique et se sont établis en Mauritanie. Comme déjà dans l'antiquité les Maides ont été confondus avec les Mèdes, Salluste (*Jurgutha* 18), trompé sur leur identité et prenant les uns pour les autres, rapporte cette erreur historique d'après laquelle des *Mèdes* se seraient mêlés avec des Libyes d'Afrique et que ces Libyes auraient changé le nom de *Mèdes* en celui de *Maures* (cf. armén. *Mâr*).

Dans la plus haute antiquité, des tribus mèdes, descendant le cours du Tigre paraissent s'être établies dans le Sinéar, sous le nom de *Casdes*. C'est pourquoi *Berosus* (*Euseb.* chronic. arm. I, p. 40) dit que ces Mèdes ont régné en Babylonie longtemps avant les Assurs ; et suivant une tradition rapportée par les anciens, la ville de Babylone a même été fondée longtemps avant Sémiramis par un fils de *Médus* (*Eustath.* ad Dionys. Periëg. 1005 ; *Steph. Byz.* s. v. Babylon). Les Mèdes formaient originairement dans la Médie six castes (*Hérod.* I, 101) indépendantes l'une de l'autre et parmi lesquelles on distinguait la caste des prêtres nommés *Mages* (sansc. *mahâs* Grands, *maha-patyas* Grands-seigneurs, persan *Mô-bêd*). Cette caste instituée probablement en imitation de la classe sacerdotale des Baktries et de celle des Brachmanes de l'Inde, a servi à son tour de type à la classe sacerdotale des *Casdes* de la Babylonie, lesquels se sont confondus dans la suite avec les *Chaldes* ou *Chaldées*.

Les Mèdes ainsi que les Baktries devinrent tributaires des Assurs (*Diodor.* II, 2). Plus tard, vers l'an 888 avant J.-Ch., le roi mède que les Grecs appellent *Arbakès* (cf. sansc. *arvva-kchayas*, Prince aux flèches ; scythe *Arpo-ksaïs*, goth. *arhvus* flèche, norr. *skœ* Destructeur, Héros, cf. héb. *Arpha-chsad. Genès.* 10, 22) s'étant ligué avec les Haïgans ou Arménies, réussit de secouer le joug de Sardanapale roi des Assurs. Dans la suite, soumis de nouveau aux Assyries (2 *Rois* 17, 6) les Mèdes profitèrent encore de la faiblesse de *Sanhérib* (arm. *Senecherim*) vers 710 pour se rendre indépendants, et en 597 ils parvinrent jusqu'à saccager la ville puissante de Ninive. *Artœus* (sansc. *arthyas* Gentil) surnommé *Déyokès* (sansc. *dayakas* Libéral) fonda l'indépendance et la dynastie mède et bâtit la résidence d'*Ekbatane* (sansc. *açva-sthana*, Dépôt de chevaux, pers. *Ispa-han*, gr. *Hippo-stasia*). Un de ses successeurs *Phraortès* (cf. sansc. *Priyavratas*, zend *Fravarta*) soumit à la domination des Mèdes la Perse et l'Arménie. Les Mèdes, dès le septième siècle avant J.-Ch., s'avancèrent jusque vers la Phrygie et combattirent avec les Phrygiens sur le *Halys* (*Hérod.* I, 74). L'empire mède subsista jusqu'au règne de *Kyaxares* II ou de son père *Aspadas* (cf. sansc. *açva-das*, Donne-chevaux) surnommé *Astyagès* (sansc. *aschi-dehakas*, Pernicieux Serpent) vers l'an 560, époque où Cyrus, roi des Perses, mit fin à la domination et à l'empire des Mèdes.

IV. LES ARIES DE LA PERSE.

Comme peuple les Aries de la Perse se donnaient originairement le nom de *Pahlavas*. Ils habitaient les contrées entre la Médie au Nord, et le golfe persique au Sud. Le nom de *Pahlavas* (p. *Palahvas*) était identique au sanscrit *Pâraçvas* qui signifiait *Haches* (sansc. *paraçus*, gr. *pelekus*, v. h. all. *pihal*) ou *Porte-haches* (sansc. *paraçudharâs*, gr. *pelekuforoï*), parce que ce peuple se servait à la guerre principalement de la hache d'arme, au point que *Pahlavân* (sansc. *paraçvvân*, doué de hache) devint chez lui synonyme de *guerrier*, *prince* ou *héros*. Le nom de Pahlavas avait probablement passé dans l'Inde par l'intermédiaire de quelque dialecte arien qui aimait à substituer *l* à *r* et *h* à *ç*. Aussi trouve-t-on dans les anciens livres des Hindous (*Manou* x, 44) ce nom de peuple sous cette forme de Pahlavâs et non sous la forme sanscrite de *Pâraçvâs*. Plus tard cependant la forme sanscrite de Paraçvas a pris le dessus chez les Pahlavas même, et le peuple s'est donné le nom de *Pâraça* (héb. *Pâras*, mède *Pâsa*, persan *Pares*, arm. *Barsikh*, gr. *Persaï*) que les nations voisines ont aussi employé pour désigner le pays habité par les Pâraçes. Cependant ni les *Pahlavas* ni les *Paraçvas* ne figurent, sous ces noms, dans la table ethno-généalogique de la *Genèse* (chap. x). Mais au moins ils y sont représentés par une de leurs tribus ou par leurs parents les *Elâmes* (héb. *Elâm*, gr. *Elumaïoï*, *Elamitaï*) qui étaient établis près du golfe persique. Les Elâmes avaient pour voisins à l'Ouest les *Assurs* auxquels ils étaient tributaires (*Josèphe* Antiq. 1, 9) et à leur tour ils levaient des tributs sur les nomades du Sud-Ouest (*Genèse* 14). Ainsi que les Assurs, les Elâmes s'étaient mêlés avec des tribus de race sémitique. C'est pourquoi *Elâm* passe dans la *Genèse* à la fois pour le frère d'*Assur* et pour le fils de *Sem*. Cependant ce qui prouve que l'élément arie prédominait chez les *Elâmes* c'est le nom même d'*Elâm* qui dérive très-probablement de *Airyama* (*Journal asiat.* 1839, avril, p. 299) et signifie *Tenant de l'Arie* (cf. *Airyaka*, *Irâk*).

Les Pahlavas ou Paraças ont adopté des Baktries la religion de Zoroastres et avec elle les livres sacrés du *Zend-avesta* (Parole de vie). Ils ont adopté également des Mèdes l'institution sacerdotale des *Mages* et ont appliqué à leur pays, à leur nation et à leur histoire, les traditions mythologiques et épiques de l'Inde; lesquelles avaient déjà été tant soit peu modifiées en passant dans le système religieux de Zoroastres chez les Baktries et chez les autres peuples aries. Ainsi de même que les Hindous, surtout au point de vue sacerdotal des Brahmanes, ont appelé leur pays du nom d'*Aryâ* (Honorable) ou d'*Aryâvartta* (Contrée honorable) par opposition aux pays hérétiques nommés *Tûryâ* (p. *Ut-âryâ*, Hors d'Arie, ou *Tu-âryâ*, Séparé d'Arie) et qu'ils se sont nommés eux-mêmes *Aryâs* par opposition aux *Mlêtchas* (Faibles, Barbares, Hérétiques ; cf. héb. *Goyim*, Peuples, Etrangers, arabe *al-aadjîm*, Mesquins, Barbares), de même aussi les Perses se sont nommés *Aries* ou *Artaes* (Gentils, *Hérodot.* 7, 61), et en imitation des noms zends de *Airyâv* et de *Tu-îrya* ou *An-airyao-danghâvo* (Contrée non-honorable) ils ont donné aussi le nom de *Ariana* (gr. *Arianè*) et plus tard celui d'*Irân* à tous les pays situés entre le Tigre et l'Indus, et entre l'Oxus et la mer des Indes, parce qu'ils étaient habités par des Aries orthodoxes, adorateurs d'Ormuzd (zend. *Ahuro-maz-dâo*, Grand-génie du soleil), tandis que les pays hérétiques au Nord et à l'Est qui passaient pour le séjour d'Ariman (zend. *Agra-mainyus*), étaient appelés *Anîrân* (Non-Irân) ou *Tûrân* (Hors d'Irân).

La plupart des peuples aries se disaient fils du soleil ; les Perses aussi, du moins depuis Cyrus, portaient le nom de *Khorsâres* (*Plin. H. N.* 6, 19, 1) qui signifiait sans doute *Sectateurs de Khor* ou du *Soleil*. Quelquefois aussi les peuples aries, plus modestes, rapportaient leur origine non pas au soleil lui-même, mais du moins aux astres et aux constellations, lesquelles passaient pour les enfants du soleil. Lorsque les mythes, de symboliques qu'ils étaient dans l'origine, furent devenus purement *épiques*, les personnifications de ces astres et de ces constellations furent assimilées à des héros ou à des géants. C'est ainsi que chez ces peuples la tradition épique rapportait que les *Kaïânes* (Géants, Issus de *Kai* ou de *Kavi*, le sublime, le soleil) étaient anciennement une dynastie qui régna après les *Peschdâdes* (Bons justiciers) et dont le chef, le père ou le roi était *Kâvyas* (sansc. *Kavyâs*, le Solaire, Provenant de *Kavi*, gr. *Kêpheus*). Cette tradition ayant été connue des Grecs, les logographes, Hellanikus entre autres (cf. *Hérod.* 7, 61), rapportaient que les Perses portaient anciennement chez les Hellènes le nom de *Kêphênes* (Fils de Kepheus descendant du Soleil). Suivant un autre récit les Kêphênes (*Kâviânes*, *Kâiânes*), dont Kepheus était le père et le roi, habitaient anciennement l'Ethiopie, c'est-à-dire l'Inde ou l'Arie en général. La tradition sur le fils du soleil Kâvyas et

2

ses descendants les Kâviânes existait aussi chez les Aries de la Médie ;
les Casdes, qui sortirent de la Médie, la transplantèrent également en
Babylonie et c'est pourquoi les logographes grecs ont pu rapporter,
d'après eux, que Képheus le fils de Belus (le Soleil) le premier roi et le
fondateur de Babylone, a régné, dans la Babylonie, sur les Kephènes.
Ensuite comme les Casdes de la Babylonie, auxquels on avait appliqué
le nom épique de *Képhênes*, se sont confondus dans la suite avec les
Khaldées, la tradition a pu rapporter qu'anciennement les Grecs ont
appelé *Képhênes* non seulement les Perses et les Casdes mais aussi les
Khaldées (*Steph. Byz.* s. v. *Chaldaioï*) de la Babylonie.

La tradition mythique sur l'origine solaire des Perses fut reproduite
chez les Grecs encore sous une autre forme qui provenait d'un ancien
mythe astronomique, originaire de l'Inde, lequel de symbolique qu'il
était d'abord, était devenu entièrement épique. Ce mythe racontait
que *Vrichas* (l'Arroseur, le Fécondateur, le Taureau) la personnification de la constellation zodiacale du Taureau, était le successeur ou le
fils de *Mêchas* (p. *mrichas*, l'Arroseur, le Fécondateur, le Bélier) et
de *Danavâ*, laquelle, comme l'indique son nom, était fille de Danou,
l'épouse de Kaçiapas. Après sa naissance l'enfant Vrichas fut exposé
d'après les ordres de son grand-père maternel Kasiapas, lequel
avait appris que cet enfant était destiné à lui donner la mort. Les
données générales de ce mythe les Grecs les reproduisirent en racontant que *Perseus* (*Vrichas*, Taureau) fils de *Persès* (*Mrichas*, Bélier)
ou de *Krios* (p. *Krifos*, *Frikos*, *Firkos*, lat. *Hircus*, Bélier, Bouc) et
de *Danaë* (*Danavâ*), étant enfant, fut exposé sur les ordres de son
aïeul maternel *Akrisios* (Kasiapas) auquel, selon l'oracle, cet enfant
était destiné à arracher la vie. Ensuite Perseus, le symbole de la
constellation zodiacale du Taureau, passait, comme tel, pour être fils
du Soleil ; il put donc se confondre, en cette qualité ainsi que par son
caractère épique de héros et de géant (cf. Kaïan), avec le fils du Soleil
le héros et le géant *Kepheus* (sansc. *Kâvyas*, Fils du Soleil) et, entrant
ainsi dans le cycle mythique de celui-ci, il devint dans la tradition
épique des Grecs l'amant d'Andromède, la fille de Kepheus et de Kas-
siopeïa (fille de Kasiapas). Enfin comme les Perses, adorateurs de la
lumière et du soleil, se disaient issus du soleil ou de Kepheus, Perseus,
après avoir été identifié avec Kepheus ou du moins envisagé comme
son fils et son successeur, put aussi lui être substitué, chez les Grecs,
en qualité de père des Perses (*Hérod.* 7, 61, 150), et cela d'autant

plus naturellement que son nom avait en grec une ressemblance fortuite avec le nom des Perses, comme *Kepheus* l'avait avec celui des
Képhênes. C'est ainsi que les Perses devinrent les descendants de
Perseus, et c'est pourquoi les Aleuades de la Thessalie, qui se glorifiaient de descendre du héros Perseus, traitaient les Perses en frères
et restaient leurs amis et leurs alliés dans toutes les guerres médiques.

Les mythes sur Perseus donnèrent naissance dans la suite aux récits
fabuleux que les Grecs rattachaient à la vie et surtout à l'enfance de
Cyrus-le-Grand ; car lorsqu'au sixième siècle avant J.-Ch. *Agradatas*
(Premier-né) devenu roi fut surnommé *Kavi huçrava* (Sublime bien-
obéissant, pers. *Kai khosrou*) ou le *Soleil* (zend. *Hvare*, pers. *Khors,*
Khor, héb. *Korèsch*, gr. *Kuros*, lat. *Cyrus*), les anciens mythes épiques
sur Perseus et Kepheus, dans lesquels des éléments mèdes, perses et
grecs s'étaient mêlés ensemble, furent en quelque sorte repris en
sous-œuvre. En effet le fondateur de la monarchie perse, ce héros
surnommé le *Soleil* (cf. Kavyas), ce fils d'une *Mède* (cf. Andromède)
et qui, selon la tradition, étant enfant, fut exposé sur les ordres de
son aïeul maternel Astyagès (cf. Kasiapas, Akrisios) auquel il était
prédestiné à donner la mort, fut comparé et confondu par les logographes asiatiques avec le héros mythologique Kepheus et avec Perseus, le fondateur de la nation perse, le descendant du Soleil, le
Soleil lui-même, l'oncle de Médée (*Apollod.* 1, 9, 28), le petit-fils d'Acrisius et l'époux d'Andromède.

Les données fausses, introduites dans l'histoire des Perses, ne proviennent pas toutes de traditions mythologiques ou épiques ; il y en a
qui sont résultées de ce que, par suite des rapports étroits qui ont
existé entre les Perses et les Mèdes, on a, par extension, appliqué à
ceux-là les fables et les erreurs qui s'étaient formées sur ceux-ci. C'est
ainsi qu'après avoir confondu les *Mèdes* avec les *Maides* qui sont allés
s'établir en Mauritanie, on a aussi cru devoir considérer les Pharousies ou Maurousies de l'Afrique comme les descendants des Perses
(*Plin.* H. N. 3, 3 ; 5, 8) qui, après les Ibères et avant les Phœnikes,
se seraient établis en Espagne. Aussi l'historien Salluste (*Jugurtha* 18)
va-t-il jusqu'à dire que les Perses venus de l'Espagne se sont mêlés
avec les Gætules et ont pris en Afrique le nom de *Numides* (nomades).

Quant à l'histoire primitive et véritable des Perses elle se résume
en ceci : Les Pahlavas ou Paraças étaient d'abord tributaires des Assurs.
Plus tard ils furent soumis par le roi des Mèdes Fravarta ; mais dès le

sixième siècle avant notre ère ils devinrent libres de tout joug étranger et même, par suite des conquêtes étendues de Cyrus, le peuple le plus puissant de l'Asie occidentale. Cyrus après avoir soumis les Mèdes et les Baktries, vainquit encore les Çakes (*Ktesias*, Pers. § 3), les Parthes, les Karmanies et les Chorasmies. Son empire comprenait à sa mort non seulement les pays qui avaient été anciennement tributaires aux Assurs mais encore la Syrie, la Palestine et jusqu'à l'Egypte.

B. GROUPE INTERMÉDIAIRE.

Les peuples dont se composait ce groupe intermédiaire étaient les *Athurs*, les *Haïgans* et les *Ibères*. Ils habitaient au nord et à l'est du cours du Tigre et occupaient dans l'origine l'extrémité occidentale du bercean primitif de la race de Iafète. L'Assyrie habitée par les Athurs touchait anciennement aux contrées où dominaient les peuplades de race sémitique : l'Arménie qu'habitaient les Haïgans se trouvait sur la route que suivaient généralement les peuples de l'Asie dans leurs expéditions et dans leurs migrations ; et le Caucase où étaient établis les Ibères fut, dès la plus haute antiquité, comme le prouvent les traditions qui se rattachent à ces montagnes, un refuge pour un grand nombre de peuplades qui appartenaient aux races les plus diverses. Aussi les peuples de ce groupe intermédiaire ont-ils subi, plus que ceux du groupe oriental, l'influence de ces races étrangères, et par conséquent ils n'ont pas conservé comme eux ni d'une manière aussi parfaite dans leurs langues, leurs religions et leurs mœurs, le caractère ou le type particulier de la race de Iafète.

V. LES ATHURS.

Suivant la tradition de la *Genèse* (chap. x, 22) *Aschur* (p. Athur) était fils de *Sem*, ce qui indique que les habitants primitifs qui ont peuplé la partie principale de l'Assyrie étaient non des descendants de Iaphète, mais des Sémites. C'était en effet des Sémites *aramées* (gr. *Eremboi*, *Aramaïoï*, *Arimoï*) qui, ayant quitté le Sinéar ou généralement la partie élevée (héb. *arám* élevation) au nord de la grande plaine qu'occupait la race de Sem entre l'Euphrate, le golfe persique, la mer rouge et la Méditerrannée, avaient remonté le Tigre et s'étaient fixés dans la contrée qu'ils ont nommée *Attûr* ou *Athûr*. Ce nom qui dans les dialectes sémitiques du sud se changea, par assibilation, en *Aschûr* (*Genèse* x) ou *Azhûr* (arab. *Azhûr*) et dans les idiômes aries en *Ssûra* ou *Ssûr* (v. Inscript. cunéiform.) signifiait *Limite* (héb. *âschûr* limite, *schûr* mur), parce que ce pays formait, à cette époque du moins, la limite entre les peuples sémitiques aramées et les peuples iaféliques aries. Le nom géographique d'*Aschur* devint ensuite, dans la tradition, le nom propre d'un personnage qui, comme représentant des Assurs, passait pour le père de ce peuple et qui, comme représentant d'un peuple sémitique, a dû être compté dans la *Genèse* parmi les fils de Sem. L'Athûr primitive se trouvait dans la contrée appelée plus tard l'*Adiabène* (Tenant de l'*Adiab*, syr. *Chodiof*). C'est là qu'à la population primitive sémitique vinrent se mêler des colons sortis de Babylonie. Ces colons n'avaient pas une origine sémitique mais appartenaient à la race de *Hham* à laquelle se rattachaient, entre autres, les peuples du *Mizraïm* (Egypte) et du Canaan (Plateau). Pour prouver que les habitants primitifs de Babel, et par conséquent les colons qui en sont sortis, étaient de race bhamique, il suffit d'abord de rappeler que, d'après la *Genèse*, *Nimrod* qui est dit avoir fondé, dans le Sinéar, la ville de *Bâbêl*, passait pour être fils de *Kûsch* et petit-fils de *Hham*, ce qui indique que les fondateurs et les habitants primitifs de Bâbêl étaient *Hhamites*. Aussi le nom de cette ville rappelle-t-il son origine ou cananéenne ou égytienne. Car le nom de Bâbêl n'appartenait pas aux langues sémitiques; les Sémites n'en connaissaient pas la signification, et c'est seulement à un âge relativement postérieur que ces peuples, surtout les Hébreux, guidés par la tradition sur la *confusion* des langues qui se rattachait à Bâbêl, s'expliquèrent dans leur langue ce nom comme signifiant *Mélange, Confusion* (cf. héb. balbal). Ce nom ne saurait pas non plus être, comme on l'a prétendu de nos jours, la contraction de *Bâb'-Bèl* et signifier *Porte* ou *Palais-de-Bél*; car d'abord, si telle eût été la signification de ce nom, elle aurait été facilement et généralement connue des peuples sémitiques; mais ces peuples n'ont jamais songé à cette étymologie et ils ne pouvaient pas y songer puisque dans l'antiquité, surtout à l'époque où Bâbêl fut fondé, le mot de *Bâb* (arab. ouverture, porte) n'avait pas encore la signification symbolique, qu'il a prise bien plus tard, de

Palais ou de *Cour*, (cf. aram. *t'ra* Porte, Palais; pers. *der-câh;* turc. *Kapu*, Porte, Palais). Le nom de *Bâbêl* correspondait à l'égyptien *Pabûl* ou *Pabyr*, (plante à natte, de *pá* plante, et *byr* tresser) dont dérivait aussi le grec *Papûros* (lat. papyrus) et *bublos* (p. bubalos, bubulos), et désignait le papyrus ou l'endroit où croissait en abondance cette plante à la fois rare, mangeable et sacrée et qui était employée à des usages si variés dans l'Egypte et dans l'Asie occidentale. Le papyrus croissait dans l'Euphrate et surtout à l'endroit où ce fleuve se joignait au Tigre (*Plin.* H. N, 13, 22) et où s'éleva Babylone. Bâbêl portait donc un nom exactement synonyme de celui de *Byblos* ville de la Phénicie et de celui de *Papyra* ville de la Galatie. Ce qui prouve que les anciens Grecs asiatiques connaissaient parfaitement cette signification, c'est qu'ils ont donné au nom de Bâbêl la forme de *Bâbûlôn* qui selon l'analogie de *phœnikôn* (plantation de palmiers), de *kalamôn* (plantation de joncs), *ampelôn* (plantation de vignes), *dendrôn* (plantation d'arbres) etc., signifiait, en grec, l'endroit où croissait en abondance le babulos ou bub'los. Ce nom de Babulôn les Grecs le donnaient aussi à la ville de Babul en Egypte. L'origine égyptienne du nom de Bâbêl prouve donc que cette ville a été fondée et habitée primitivement par des Hhamites, ce qui est aussi confirmé par une tradition rapportée par Diodore (1, 28, 81) et d'après laquelle Belus le fondateur de Babylone aurait amené dans cette ville une colonie de prêtres *égyptiens.* Mais à cette population primitive, d'origine hhamite, vinrent naturellement se joindre bientôt dans Babel des tribus sémitiques ou aramées, parce que c'était au milieu de ces tribus que cette ville se trouvait placée. Ces Sémites, sous le nom d'*Arabes*, c'est-à-dire de nomades de la *Plaine-déserte* (héb. *arab*, désert), parvinrent même à régner dans Bâbêl déjà vers 2200 avant J.-Ch., et y maintinrent leur domination pendant près de deux siècles. Enfin aux habitants de la Babylonie, composés ainsi de Hhamites et de Sémites (arabes), vinrent encore se mêler des tribus d'origine iafétique. C'est que Bâbêl, par sa situation sur l'Euphrate, à quelque distance du Tigre, et par la grande importance qu'elle acquit de bonne heure, devait amener dans son sein quelques unes des populations établies sur les bords de ces deux fleuves et engager des colons à en suivre le cours, et à descendre des hauteurs de l'Arménie dans les plaines de la Mésopotamie et du Sinéar. Au nombre des peuplades qui sont venues ainsi du Nord s'établir dans la Babylonie, il faut compter principalement les *Casdes* (héb. *Casdîm*) ou *Casdées* (aram. *Casdaïa*, mède *Casraïa*) dont le nom signifiait sans doute *Armes d'hast* (cf. sansc. *hasta* lance, trompe, main ; lat. *hasta* lance ; goth. *gazd* arme d'hast ; cf. *Gordiaïoi, Kardouchoï*). C'étaient probablement des tribus sorties de la Médie, à en juger d'après leur caractère à la fois guerrier et sacerdotal. En effet les Casdes guerriers nous sont représentés, dans l'ancien Testament, avec les traits distinctifs des guerriers mèdes, et les Casdes sacerdotaux, qui se sont confondus plus tard avec les Chaldées, ont toujours conservé dans la Babylonie beaucoup de ressemblance avec les Mages de la Médie. Comme les Grecs ne citent jamais le nom de *Casdes*, il est probable qu'ils aient compris ce peuple sous le nom de *Képhênes*, lesquels, selon la tradition, ont régné en Babylonie longtemps avant les Athurs. Ce qui est certain c'est que, déjà dans la haute antiquité, les *Casdes* avaient fondé, dans le Sinéar ou dans l'Aram supérieur, une ville nommée par les Hébreux *Lumière des Casdes* (héb. *Ur-Casdîm* ; cf. mède *hvare* lumière, soleil, sansc. *svar*). C'est de cette ville qu'émigrèrent, selon la tradition, Abraham et ses parents. Les Casdes étaient d'origine iafétique. Il y avait donc dès les premiers temps à Babylone rencontre et mélange d'hommes de différentes souches. Les uns, les fondateurs de Babel, étaient de race hhamique ; les autres, compris sous le nom d'Arabes, étaient de race sémique, et enfin les Casdes appartenaient à la race iafétique. Cette rencontre et ce mélange de races diverses, dans une ville si importante, fut sans doute cause que les Sémites s'expliquèrent le nom de Bâbél comme signifiant *Mélange, Confusion*, et elle donna naissance, ou du moins servit d'appui, chez les Athurs, à la tradition d'après laquelle ce fut à Bâbél qu'aurait eu lieu la séparation de la descendance de Noé, d'abord en trois races principales et ensuite en une multitude de nations et de langues diverses (cf. armén. *bar-bar* parole-parole).

C'est de la population de Babylone, ainsi composée de Hhamites, de Sémites et de Iafétites, que sortirent les colonies qui allèrent se mêler dans l'*Athur* avec les habitants primitifs lesquels étaient d'origine araméc. En effet, suivant la tradition de la *Genèse*, Nimrod, après avoir fondé des bourgs dans le Sinéar, alla de là dans l'Athur fonder les villes de *Rehoboth-Ir*, de *Calah* et surtout la ville de *Ninive*. Par cette adjonction des colons venus de la Babylonie l'élément sémitique, qui prédominait naturellement chez les habitants primitifs de l'Athur, ne fut pas précisément renforcé ; car les nouveaux venus n'appartenaient pas exclusivement à la race sémitique. Il arriva même bientôt que l'élément iafétique prit un grand accroissement dans l'Athur, au point que dans la suite il prédomina complètement sur l'élément sémitique. En effet, d'après le Boun-dehesch, des peuplades, sorties du berceau primitif de *Kounerêts*, partirent du *Mazenderan* (Masandîrân, Hyrkanie) au sud-est de la mer Caspienne, pour aller s'établir dans *Ssùra* c'est-à-dire dans l'ancien *Athur* occupée déjà et par des Sémites aramées et par des colons de différente origine venus de la Babylonie. Les émigrés du Mazenderan, s'ils n'ont pas été, comme les Casdes, d'origine mède, étaient du moins, comme eux, de race iafétique. Ils se mêlèrent avec les habitants primitifs d'Athur qui, en majorité, étaient d'origine sémitique ; et comme les nouveaux venus étaient inférieurs en nombre aux anciens habitants, ils furent aussi compris avec eux sous le nom sémitique d'*Assurs* (Habitants d'Assur), que les Grecs ont rendu dans la suite indistinctement par *Assurès*, *Assuroï* et *Assurioï* (Habitants d'Assyria).

Bien que les Assurs aramées, formant dans l'origine la majorité dans le pays, aient donné leur nom aux Assurs iafétiques venus du Mazenderan, ils ont cependant été de bonne heure refoulés par ceux-ci. Car déjà les rois du premier empire d'Assyrie, depuis *Arius* (cf. sansc. *Aryas* Honorable) vers 1840 avant J.-Ch. jusqu'à *Sardanapalus* (cf. sansc. *Çraddhanapâlas*, Gardien de la ferté), vers 760, appartenaient aux Assurs *iafétiques*, comme le prouvent évidemment leurs noms qui ne sont pas aramées ou sémitiques, mais sont tirés évidemment d'une langue arie.

Vers 1990 avant J.-Ch., le roi Bélus (qu'il ne faut pas confondre avec Bélus de Babylone) agrandit l'empire d'Assyrie, du côté du Sud-Ouest ; il s'empara de Babylôn d'où il chassa les Arabes ou les nomades sémites de la plaine, lesquels s'étaient fixés dans cette ville (vers 2200 avant J.-Ch.) et y avaient dominé pendant deux siècles. Nînûs et Sémiramis, les successeurs de Bélus, étendirent la domination des Assurs vers le Nord-Est sur presque tous les peuples aries, à l'exception cependant des Indous lesquels, sous leur roi *Stabrobatès* (cf. sansc. *Stavarapatis*, Seigneur-Solide) repoussèrent du Pantchâp la reine Sémiramis après qu'elle se fut déjà emparée de la Baktrie et de l'Arachosie. Les Mèdes au nord et les Babylonies au sud de l'Assyrie étaient plus directement soumis aux Assurs. Ce fut sans doute pendant leur domination sur les Mèdes que les Assurs, pour renforcer aussi dans

la Babylonie la population casde qui leur était apparentée, ont trans-
planté dans ce pays de nouvelles tribus casdes de la Médie méridionale
(cf. *Isaie* 25, 13). Bientôt après ces tribus casdes devinrent tellement
prépondérantes que les prophètes hébreux désignèrent l'empire de
Babylone en l'appelant Terre des Casdes et des Babylonies (*Isaie* 47, 1.
Jérém. 21, 4. *Ezéch.* 23, 23) ou même seulement *Terre des Casdes*
(*Ezéch.* 1, 3). Le roi de Babylone *Nabu-chadan-asar* (Feu du Dieu du
ciel) fils de *Nabu-pal-asar* fut simplement appelé le *Casde* (*Esra* 5,
12) et la langue parlée à Babylone fut nommée la *langue casde* (*Dan.*
1, 4). Après la réunion du royaume de Babylone avec l'empire des
Perses, les Casdes, que les Grecs paraissent n'avoir jamais connus que
sous le nom de *Képhênes*, n'avaient plus aucune importance politique.
Ils eurent seulement encore quelque signification comme formant une
classe du sacerdoce appelée la classe des *Casdes* (*Daniel* 2, 2). Aussi,
lorsqu'à la suite de l'invasion des Scythes dans la Babylonie les Chaldes
qui étaient d'origine keltique se furent introduits dans ce pays et eurent
également formé une classe sacerdotale, les Casdes furent-ils de plus en
plus confondus avec les Chaldes et leur nom dès-lors disparut même
complètement de l'histoire.

Au huitième siècle avant notre ère, les rois de Ninive ou d'Assyrie
étendirent encore leur domination sur l'Aram occidental et sur les
petits royaumes de *Damas* (héb. *Damèschk*) d'*Emèse*, (Hhemps) et de
Gessur (héb. *Geschûr*), lesquels furent dès-lors compris sous le nom
d'Assyrie ou de Syrie (*Hérod.* 7, 63; *Macrob.* Saturn. 1, 23), sans que
cependant les habitants de ces contrées, en partie d'origine cananéenne,
en partie d'origine sémitique, fussent de la même race que les Assurs
proprement dits. Ce fut là l'époque de la puissance de l'empire d'Assyrie. Car, vers l'an 760 avant J.-Ch., l'alliance du roi mède Arbakès et
du prêtre babylonien Bélésis amena la défaite de Sardanapâlus et
rendit indépendantes de la domination de Ninive, la Médie qui se
constitua sous le roi Arbakès et la Babylonie qui se reconstitua sous
Bélésis. Cependant déjà en 680 le roi de Ninive *Asar-haddon* (Dieu
du Feu), profitant des troubles et d'un interrègne à Babylone, s'empara
de ce royaume qui resta de nouveau soumis aux Assurs jusque vers
l'an 644. C'est alors que *Nabo-pal-asar* (Feu du Gardien du Ciel) le
gouverneur d'Assur dans Babylone, se déclara indépendant et prit le
titre de roi. Il parvint même, en 625, à s'emparer de la capitale des
Assurs et à réunir ainsi sous son sceptre les deux royaumes de Ninive

et de Babylone. Bien que le nouvel empire eût pour capitale Babylone, il conserva cependant le nom d'Empire d'*Assyrie*, sans doute parce que *Nabo-pal-asar* était Assur d'origine et à cause de l'ancienne prépondérance de l'Assyrie et de l'importance majeure et toujours reconnue de Ninive, la grande métropole. C'est vers 620 avant J.-Ch. qu'eut lieu en Assyrie et en Babylonié l'irruption des *Scythes* qui étaient accompagnés de tribus mèdes et chaldes et qui sous le nom d'*Aramées* (*Plin.* H. N. 6, 19) et sous la conduite de *Maduas* (p. *madavas*, fils d'Impétueux, cf. anglos. *matu*, violent) fils de *Prôtothuas* (p. *prôtuthavas*, fils d'Intelligent, cf. norr. *frôduthr*) pénétrèrent jusqu'en Palestine (*Habac.* 1, 6) et même jusqu'en Egypte (*Hérod.* 1, 103). Lorsque, vingt années plus tard, la domination des Scythes fut renversée, l'Assyrie ou l'empire de Ninive fut subjugué pas *Kuaxarès* le Mède, (*Hérod.* 1, 106) et passa ensuite avec la Médie sous la domination des Perses. Alors, comme auparavant, l'élément iafétique fut renforcé chez les Assurs et continua à prédominer sur l'élément sémitique, comme le prouvent leur langue aux formes synthétiques, leur écriture cunéiforme, différente des écritures sémitiques dérivées de l'alphabet phénicien, leur religion semblable aux religions des nations aries, leurs institutions politiques, et jusqu'aux beaux arts qui tous ensemble portent les caractères distinctifs tels qu'on les remarque chez les peuples de race iafétique. Ces caractères ont naturellement dû se retrouver chez les colonies sorties de l'Assyrie. Telles étaient, par exemple, les colonies qui s'établirent dans la *Syrie blanche*, entre la Paphlagonie et le Pont (*Diodor.* Sic. II, 43). Ces Syres ou Assurs furent dans la suite nommés *Kappadokes* (*Käipaduka* v. Inscription cunéiforme) par les Perses (*Hérodot.* 7, 72; 5, 49), et il se forma dans l'Asie mineure une tradition généalogique d'après laquelle *Kâppadoks* le père des Kappadokes était petit-fils de Ninus et de Sémiramis, (*Eustath.* ad Dionys. Periég. 772) et par conséquent d'origine assure.

VI. LES HAÏGANS.

Les contrées de l'Asie occidentale où se trouvait placé le berceau primitif de la race de Iafète, sont représentées, dans la tradition de la *Genèse*, comme le berceau primitif de tout le genre humain. Ce serait donc de ce berceau comme d'un centre commun que les peuplades antédiluviennes seraient parties dans toutes les directions. Mais après le déluge c'est le pays de l'Ararat qui, d'après le récit de la *Genèse*, a dû être peuplé le premier ; et l'Arménie serait par conséquent le berceau primitif du genre humain postdiluvien. Cependant comme, d'après une autre tradition biblique, la séparation des races et la dispersion des peuples se sont opérées à *Babel*, la *Genèse* considère implicitement la Babylonie comme la mère-patrie de tous les peuples primitifs issus de *Sem*, de *Hham* et de *Iafète* : et c'est ce point de vue qui a dû naturellement se conserver dans les traditions des peuples chrétiens concernant l'origine et la différence des races. Aussi Moïse de Chorène, arménien chrétien du cinquième siècle, rapporte-t-il dans sa chronique (p. 29) que *Haïg*, pour se soustraire au despotisme de Bél autrement appelé *Nebroth* (héb. *Nimrod*), partit de Babylone avec sa famille et sa suite et alla s'établir au Nord dans la terre d'Ararat où il devint le père et le fondateur des *Haïgans* ou *Arméniens*. *Haïg*, d'après la même chronique, était fils de *Thorgom* lequel est identique au *Thôgarmah* de la *Genèse* que la version des Septante nomme *Thergama* ou *Thorgama*. Mais tandis que la *Genèse* énumère *Thôgarmah* parmi les descendants de *Gomer* lequel est dit être fils de Iafète, la chronique de Moïse, conformément à la tradition généralement admise chez les Arméniens (*Chroniq.* p. 19), considère comme père de Thorgom, *Tiras* (Thrace) le fils de *Gamer* (héb. *Gomer*). Par conséquent l'une et l'autre tradition, malgré cette légère différence, établissent néanmoins un rapport direct de parenté, comme frères, entre les *Haïgans* et les Gomérites ou Kimméries. Et, en effet, non seulement il y avait une parenté plus étroite entre les Kimméries et les Haïgans (cf. *Ezéch.* 38, 6) qu'entre ceux-ci et les autres peuples de la race de Iafète, mais des Kimméries étaient aussi établies à côté des Haïgans dans presque toutes les parties de l'Arménie. D'ailleurs dans ce pays situé à l'entrée de l'Asie mineure et sur le passage de toutes les migrations, les peuples des différentes branches de la race de Iafète ont dû naturellement se croiser, se mêler et se confondre, de sorte que, si la race des Haïgans n'a pas été un mélange de plusieurs peuples, du moins leur pays avait des habitants qui appartenaient à différentes races et qui, malgré la différence de leur origine, furent tous désignés sous le nom général d'*Arméniens*. Aussi les chroniqueurs de ce peuple rapportent-ils que plusieurs familles des plus distinguées de l'Arménie étaient d'origine étrangère. C'est ainsi que les *Gentunikh* (Ayant-à-ganter), qui dès le règne de Vagh-Arschak [er] étaient chargés de l'habillement du roi, passaient pour avoir été originairement une famille expulsée du Canaan par Josué et qui, s'étant embarquée à Agras, est allée à Tharsis qu'elle a quitté pour aller en Afrique d'où elle a passé enfin en Arménie.

Les *Ardzerunikh* (Ayant-l'aigle) ou Porte-drapeau, et les *Gerunikh* (Ayant-le-vin) ou Echansons du roi, étaient, selon la tradition de famille, des descendants du roi d'Assyrie *Senekherim* (héb. *Sanherib*) lesquels, pour échapper à la punition d'un meurtre qu'ils avaient commis, se réfugièrent en Arménie sous le roi *Skaïuerdi*, le trente-cinquième descendant de Haïg.

Les *Bagratikh* étaient issus de *Bagrat* lequel avait été mis par Nabuchadan-asar au service du roi d'Arménie *Hratschea* et qui par Vagh-Arschak [er] fut élevé à la dignité de *Pose-couronne* (arm. *Thagatir*) et de *Chevalier* (arm. *aspiet*). ([1])

Les *Arschakikh* qui descendaient d'Arschak et de son frère Vagh-Arschak [er] étaient d'origine parthe ou scythe. Les *Amatunikh* (Etrangers) passaient pour être d'origine hébraïque. Enfin on peut encore citer les *Mamkunikh* qui, à ce qu'on disait dans le pays, étaient même originaires de la Chine (arm. *Djenasdan*), etc., etc.

Le nom de *Thôy-arma*, du père de *Haïg*, signifie sans doute *Descendance aramée* (cf. sansc. *tudj* ou *tôka*, descendance) et semble énoncer que les *Haïgans*, du moins en partie, sont venus de l'*Aram* sans cependant avoir été, pour cela, d'origine aramée ou *sémitique*. Il est vrai qu'on pourrait admettre que des Sémites aramées, qui s'étaient établis en Arménie, aient été désignés dans l'origine sous le nom de *Descendance aramée* par les Haïgans leurs compatriotes iafétiques; que ces aramées, après avoir adopté la langue haïgane, aient passé pour Haïgans et que la tradition, pour indiquer que cette descendance aramée a été un des éléments primitifs de la nation haïgane, ait fait de *Thôgarma* le père de *Haïg*. Cette supposition pourrait même s'appuyer sur des témoignages historiques; car d'abord, en affirmant qu'il y a des analogies quant au langage, au genre de vie et à l'extérieur phy-

---

([1]) Si, comme il est probable, les Bagratides sont devenus dans la suite la famille princière de la Géorgie, les *Bagrathions* de la Russie, qui descendent des Bagratides géorgiens, seraient aujourd'hui peut-être la seule famille princière dont l'arbre généalogique remonterait dans l'histoire à plus de deux mille ans.

sique, entre les Arménies, les Syriens (les Sémites de la Syrie) et les Arabes (les Aramées de l'Aram), Strabon indique par là qu'au moins une partie des habitants de l'Arménie était positivement d'origine sémitique. Ensuite en rapportant que *Haïg* imposa aux Kappadokes la langue arménienne, Moïse de Chorène (*Chronic.* 1, 13) énonce que les Aramées de la Kappadoce (qui encore du temps de Strabon parlaient la langue arménie), ont adopté de bonne heure l'idiôme haïgan. Seulement comme, à l'époque de Haïg, il n'y avait pas encore de Kappadokes, c'est par une anticipation historique que Moïse s'est servi du nom de ce peuple pour désigner les Aramées de l'Arménie occidentale appelée plus tard la Kappadokie. Cependant *Aram* (Elévation) pourrait aussi avoir été dans l'origine le nom sémitique de l'Arménie primitive, ce pays formant une élévation au nord de la pente que les Sémites désignaient ordinairement sous le nom d'Aram. Il se pourrait donc que le nom d'*Arménie* dérivât de celui d'*Aram*, bien que les chroniques arméniennes le rattachent à celui d'*Aram* le fils de Harma ou à celui d'*Armenak* (Petit homme) qui passait pour être le fils de *Haïg* (v. *Mos.* chron. p. 36). Les Grecs, suivant une tradition, il est vrai, très-postérieure, ont rapporté l'origine et le nom des Arménies à *Arménios* le Thessalien qui, selon eux, serait venu de l'Asie mineure avec l'expédition des Argonautes (*Strabon* xi, 13). Cependant le nom d'Arménie ne paraît pas avoir été usité antérieurement au sixième siècle avant notre ère. Il se trouve sous la forme perse de *Armina* et sous la forme mède de *Avenia* dans les inscriptions cunéiformes postérieures à Darius fils d'Hystasp. Aussi comme ce nom était encore tout récent du temps d'Hérodote, cet historien crut sans doute devoir en inférer que le peuple qui le portait l'était également ; et c'est pourquoi sachant que les habitants de la Phrygie orientale étaient de la même souche que les Arménies et que ceux-là ont figuré dans l'histoire bien antérieurement à ceux-ci, il en conclut qu'en général les Phrygiens ont été la souche des *Arménies* (*Hérod.* vii, 73). Strabon se souvenant de la tradition sur Arménios, le Thessale, le prétendu compagnon de Iason, fait descendre les Arménies des Thessales (*Lib.* xi, 16) ; et pour confirmer cette hypothèse, il rappelle encore que les habits longs des Thessales étaient appelés *arménies*, et que le Pénée de la Thessalie portait anciennement, comme le fleuve de l'Arménie, le nom d'*Araxes* (arm. *ïeraschh*, verrou, serrure). Mais ces analogies dans les mœurs, dans l'habillement et dans le langage des deux peuples s'expliquent

quand on considère que les Thessales étaient d'origine pélasge c'est-
à-dire kimmérienne, et que les Kimméries avaient, comme il a déjà
été dit, beaucoup de rapports, soit comme frères, soit comme compatriotes, avec les Arménies.

Le peuple des Haïgans ou Arménies (pers. *armenikh*, arabe *irmi-
niah*, *arméniéh*) s'est constitué politiquement dans l'histoire avant les
Mèdes et les Perses. Mais doués d'un esprit très-peu guerrier et placés
au centre de peuples très-puissants, les Arménies dès l'origine ont été
presque continuellement soumis à l'étranger. Suivant les chroniques
nationales qui ont été rédigées à commencer du cinquième siècle de
notre ère, les vingt-cinq rois de la dynastie de *Haïg* et qui se sont
succédés depuis *Aram*, le contemporain de Ninus, jusqu'au règne de
Sardanapale, sont tous représentés comme des satrapes des rois d'Assyrie. Après avoir fait alliance avec les Mèdes les Arménies parvinrent
à secouer le joug de Sardanapale ; mais bientôt ils rentrèrent de nouveau sous la domination des Assurs. Après la constitution de l'empire
des Mèdes, le roi Phraortes soumit l'Arménie vers 656, et ce pays
resta tributaire de la Médie jusqu'à l'époque où Cyrus s'étant allié avec
le roi d'Arménie Tigran, soumit d'abord les Mèdes et après s'être for-
tifié par cette victoire, incorpora également l'Arménie dans son vaste
et puissant empire.

VII. LES IBERS.

Les Ibers étaient une branche de la race de Iafète, lesquels par
leur origine, leurs mœurs et leur langage tenaient le milieu entre les
Haïgans ou Arménies d'un côté et les Kamares ou Kimméries de l'autre.
Ils occupaient, au moment où ils apparurent dans l'histoire, la contrée au sud-ouest du Kaukase entre la Médie, la Perse et l'Arménie.
Ce furent sans doute les Assurs et les Elames qui leur ont donné le
nom de *Sevarat*, que les Hébreux ont exprimé par celui de *S'farad*
(*Obadia* 20). Ce nom signifiait *Septentrional* (cf. russ. *siewer* tempétueux,
septentrional, *Sibérie*, *Sauro-mâtes*, Hommes du Nord, *Sabires*, *Sor-
bes*, *Serbes*, *Spores* Septentrionaux) parce que le peuple iber habitait au
nord-est par rapport à l'Assyrie. Les Perses disaient *Sparta* (mède
Sphada) nom qu'on trouve dans les inscriptions cunéiformes de Per-
sépolis et que le savant M. Lassen prend improprement pour identique

avec le nom de la ville de *Sardes* en Lydie. *Sparta*, district des environs du Pont-Euxin, suivant Étienne de Byzance, et *Hispiratis*, ville et district au nord de l'Arménie, rappelaient encore, dans l'antiquité, le nom ancien du pays des Ibers. Ce pays *septentrional* (*Sevarat*) les Arméniens le nommaient le pays *supérieur* (arm. *i-wer*, au-dessus) par rapport à l'Arménie; de là provient le nom d'*Ibers* (les Septentrionaux) par lequel ce peuple fut désigné généralement dans l'antiquité.

Dans la table ethno-généalogique de la *Genèse* les Ibers sont représentés par les *Tùbals* et les *Masachs* (gr. *Moschoï*) que les Hébreux considéraient (*Ezéch.* 27, 13) comme des peuples septentrionaux amis et voisins de *Gôg* (Skuthes) et qui étaient probablement, dès la plus haute antiquité, les deux branches principales de la race ibère. Ces peuples habitaient dans l'origine la pente méridionale du Kaukase. C'est dans ces montagnes que se rencontrèrent déjà, à cette époque ancienne, la race iafétique et la race finnoise. De tous les peuples de l'antiquité ceux de race finnoise ouralienne se distinguaient le plus par leur habileté d'exploiter les mines et de façonner les métaux. Cet art, les Finnois paraissent l'avoir transmis aux peuples iafétiques du Caucase, aux Ibères et aux Kimméries qui tous deux dans l'antiquité excellaient également dans la métallurgie. Aussi, selon la tradition hébraïque (*Genèse* 4, 22), l'inventeur de l'art de façonner les métaux porte-t-il le nom de *Tùbal* (cf. persan *Tùbal*, airain), avec le surnom de *Kaïn*, pour indiquer que la fabrication des armes de guerre a été inventée par les *Tùbals* qui appartenaient à la race maudite de *Kaïn*. Encore du temps du prophète Ezéchiel (27, 18) les *Tùbals* et les *Masachs* étaient renommés pour la fabrication d'ustensiles d'airain et se livraient au commerce d'esclaves qui se fait encore aujourd'hui dans ce pays appelé, à cause de cela, par les Persans le *Gurdji-stan* (Pays aux esclaves, *Grusie*, *Géorgie*).

Les Grecs asiatiques connaissaient les *Tùbals* et les *Masachs* des Hébreux sous les noms de *Tibares* et de *Mosches* (v. Steph. Byz. s. v. *Choiradès* et *Chaldia*). Les *Tibares* formaient un grand nombre de tribus qu'on désignait encore du temps de Strabon par l'expression collective de *peuples tibarènes* ou de *peuples tibaréniques*. Les *Tibarènes* du Pont, entre le Sidène et le Pharmatène, ne semblent avoir été qu'une faible partie de ces nombreuses tribus. Sous la domination perse les Tibarènes et les Mosches formaient, avec leurs voisins les *Makrones*, et les *Mossun-oïkes* (Habitants de tours) qui étaient d'origine kimmérique et avec les *Mardes* qui étaient d'origine mède, une satrapie ou circonscription administrative et militaire. Dans l'armée de Xerxès ils étaient avec ces peuples sous le commandement du même chef et ils se servaient du même équipement militaire que les *Makrones* et les *Mossunoïkes* (*Hérod.* 3, 94 ; 7, 78). Du temps de Cicéron les *Tibaranes* s'étaient répandus jusqu'en Cilicie (*Cicéron.* Famil. 15, 4). Strabon connaissait encore des peuples tibarènes puisqu'il en a fait mention. Mais quant aux Moschès, ils se confondirent peu à peu, les uns avec les *Kolches*, les autres avec leurs frères de l'Ibérie (cf. les *Misgêtes* dans l'Ibérie, *Steph. de Byz.*), d'autres avec les *Arménies* (*Strabon* II, p. 499), d'autres enfin avec les *Kappadokes*. Aussi, d'après une ancienne tradition, *Mossok*, le père et le représentant des *Moschès*, passait pour être le père des Kappadokes et pour avoir donné son nom à la ville kappadoke de *Mazaka* (v. *Isid. Hisp. lib.* IX, 2 § 10). Cette tradition signifie que, outre les habitants de la Kappadoke qui étaient d'origine assure et ceux qui étaient d'origine arménie, il y en avait aussi qui appartenaient à la race *ibère* ou *mosche*.

Ptolémée ne connaissait plus que les montagnes *moschès*; il n'a parlé ni du peuple des Moschès ni du peuple des Tibarènes. C'est là une preuve qu'au premier siècle de notre ère les deux branches principales de la race ibère, savoir les Tibarènes et les Moschès, s'étaient peu à peu répandus dans les contrées de l'Albanie, de l'Ibérie, de la Kolchide, de l'Arménie, du Pont, de la Kappadoke et de la Kilikie, et que leurs noms de race se sont confondus avec les noms des peuples au pays desquels ils s'étaient établis.

Mais non seulement des peuples de race ibère se sont répandus dans presque toute l'Asie mineure, il y en avait aussi qui, dès la plus haute antiquité, pénétrèrent successivement jusqu'à l'extrémité occidentale de l'Europe. De même que les Ibères de l'Asie mineure ont formé deux branches principales, les Tibarènes et les Moschès, de même les peuples ibères qui ont passé en Europe ont formé aussi deux branches, celle des *Liguses* (gr. *Lignës*, lat. *Ligures*) et celle des *Ibères* proprement dits. Les Liguses ont dû quitter de bonne heure l'Ibérie asiatique; car on en trouve établis en Italie longtemps avant la fondation de Rome. Les Sicules étaient d'origine ligure (*Silv. Stal.* 14, 34). Or longtemps avant l'invasion des Keltes Sennones, ces Sicules furent chassés de l'Italie septentrionale par les Kimméries pélasges. Ils se retirèrent chez leurs frères les Ibères sikanes qui étaient venus, de

Sikana d'Espagne, s'établir dans l'île qui fut appelée, d'après eux, *Sikania* et plus tard *Sicilia* (p. *Sikulia*). Cependant les Ligures sont encore restés, dans l'Italie septentrionale, assez nombreux, pour que la mer qui baigne cette partie de la presqu'île pût prendre et conserver encore longtemps après le nom de *mer ligustique*. En Gaule comme en Italie les Keltes ont refoulé les Ligures du Nord au Sud. Du temps de *Skylax* (*Peripl.* 3) les Ligures étaient établis sur le Rhône et ils s'étendaient jusqu'à la Loire dont le nom (*Ligir*, *Ligyr*; cf. gaël. *lighe*, débordement) avait peut-être quelque rapport avec le nom de ce peuple. Les Ligures étaient les premiers habitants de la Corse (*Sol.* 3, 3); ils étaient mêlés avec les Sikules dans l'île de Sicile (*Dionys. Halic.* 1, 22). Déjà à l'époque de l'émigration des Sikanes de l'Espagne des Ligyes étaient établis à l'ouest de cette presqu'île (*Thucyd.* 6, 2). Il y avait aussi en Espagne un lac nommé *lacus ligusticus* et même presque toute la presqu'île portait, à une certaine époque, le nom de *Ligustique* (gr. *Ligustikè*, *Steph. de Byz.*). Peut-être les Ligures ont-ils aussi passé en Irlande; car il est probable que les *Silures* qui sont venus de l'Espagne (*Tacit. Agricola*, 11) s'établir dans l'Irlande (appelée *Bergios* par les Keltes gadhéliques) aient été des Liguës : ce qui expliquerait le sens de la tradition épique (*Pomp. Mel.* 2, 5) d'après laquelle *Ligus* (le père des Liguës) que les Keltes ont nommé *Bergios* (Montueux) ou *Derkunos* (norr. *Fiörgynn*, kelt. *Taracnus*) était le frère d'*Alybion* (Montueux) ou d'*Albion* (*Apollod.* 2, 5, 10) qui a donné son nom à la Grande-Bretagne. Les Kantabres de l'Espagne et les *Kanties* (lat. *Cantii*, cf. *Kent*) dans la Grande-Bretagne appartenaient à une branche ibère sœur de la branche ligure.

Cependant les peuples ligures n'ont pas tous émigré de l'Asie pour entrer en Europe; il y en avait qui étaient restés dans la Kolchide où la ville de *Kutaïa* portait le surnom de *ligustique*. Dans l'armée de Xerxès les *Ligyes* étaient rangés avec les Paphlagones, les Matiènes, les Marian-dunes et les Leuko-syres. Il était évident que les peuples ligures asiatiques étaient les parents des peuples ligures de l'Europe; mais, au lieu de dire que les Liguses asiatiques étaient les frères restés en Asie des Ligures qui ont émigré en Europe, quelques auteurs anciens ont prétendu faussement que ceux-là étaient les descendants de ceux-ci (v. *Eustath. ad Dionys. Périégèt.* 76).

La seconde branche de la race ibère ou les *Ibères proprement dits* sont sortis, comme leurs frères les Liguses, de l'Ibérie asiatique pour se porter successivement jusqu'en Espagne et dans les îles britanniques. En Gaule ils étaient répandus depuis les Pyrénees jusqu'à la Garonne ; ils se sont mêlés avec les Keltes sous le nom de *Kelt-Ibères* (*Diod. de Sic.* liv. 5) et de *Kant-abers*. Dans le midi des Gaules jusqu'au Rhône , à l'Est , ils vivaient mêlés avec leurs frères les Ligures. Ils suivirent ceux-ci dans la Corse (*Seneca*, Consol. ad Helv. 8). En Sardaigne ils construisirent la première ville (*Eustath. ad Dionys.* 458) et des Ibères sicanes , sortis probablement du bourg de Sicane en Espagne , étaient établis en Sikanie (Sicile) avant que leurs frères les Liguses sikules , chassés de l'Italie septentrionale par les Pelasges, ne vinssent se réfugier dans cette île (*Thucyd.* 6 , 2). L'Hispanie portait par excellence chez les Grecs le nom d'*Ibérie*, soit que ce nom lui fût venu des *Ibères*, soit qu'il dérivât du nom ibère du fleuve Ebre. Il y avait donc une Ibérie et des Ibères également en Asie et en Europe. Aussi déjà les anciens , frappés de l'analogie de ces noms ainsi que de ceux des fleuves *Iberus* et *Aragus* (cf. *Araxes*) en Hispanie et dans l'Ibérie asiatique , ont-ils naturellement soupçonné les rapports de parenté qui devaient exister entre les Ibères de l'Asie et les Ibères de l'Europe occidentale. Strabon , pour établir ce rapport encore sur d'autres analogies , rappelle que l'habileté de découvrir et d'exploiter les mines par laquelle se distinguait généralement la race ibère, se faisait remarquer également chez les Ibères de l'Espagne et chez ceux du Kaukase. Ajoutons que, chez les Tibarènes de l'Asie mineure, les hommes se mettaient au lit quand leurs femmes avaient accouché (v. *Argonaut.* 2, v. 1012 *Scholiast.*), et cette même coutume, caractéristique pour la race ibère, existait aussi chez les Kantabres en Espagne et chez les Ibères des Gaules et les Ligures de la Corse (*Diodor.* 5 , 14). Il est donc hors de doute que les Ibères de l'Orient et ceux de l'Occident appartenaient à la même race. Mais de même que l'on considérait faussement les Ligures asiatiques comme les descendants des Ligures européens , de même aussi des géographes anciens, entre autres Strabon , (I , p. 60) faisaient descendre les Ibères du Kaukase des Ibères de l'Espagne. Cependant *Appien* (*Mithrid.* 101) et *Pline* (H. N. 3 , 3) ont énoncé la vérité en disant positivement que les Ibères d'Espagne provenaient des Ibères asiatiques.

Comme les Latins, à l'exemple des Grecs, employaient indifféremment les noms de *Hispania* et de *Iberia*, il arriva même, vers le commencement de notre ère, que le nom de Hispania fut également employé

pour désigner l'Ibérie du Kaukase. C'est ainsi que la version aramée
(*Targum*) de l'ancien Testament s'est servie du nom de *Ispamiá* (p.
Ispaniâ) pour rendre celui de *S'farad* (Sparta) par lequel les anciens
Hébreux avaient désigné l'Ibérie au nord de la Médie. Plus tard encore,
dans l'hébreu rabbinique, *S'farad* devint le nom archaïque de l'Espagne,
comme *Aschkenas* (Ascania) devint celui de l'Allemagne, et *Riphat*
(rendu dans la version arabe par *Farandja*) celui de la France. Si par
suite de ces rapports de parenté l'antiquité a réuni sous le nom d'Ibères
non seulement les Ibères de l'Asie mais encore ceux de l'Europe, on
comprend comment Diodore de Sicile (5 , 33) a pu dire que la race
ibère était aussi étendue que celle des Keltes. Cependant les peuples
ibers de l'Asie se sont confondus, dès les premiers siècles de notre ère,
avec d'autres peuples leurs voisins, et c'est seulement dans quelques
parties du Kaukase que leurs descendants se sont maintenus jusqu'aujourd'hui sans trop subir l'influence des peuples finno-tartares qui se
sont également établis dans ces montagnes. Il faut considérer, de nos
jours, comme issus de l'ancienne race ibère les habitants du *Gurd-
jistan* (Pays aux esclaves, russ. *Grousia* , *Géorgie*) avec les *Lesghis*
(Kaukasiens orientaux) et les *Mingréliens*. Déjà dans l'antiquité le genre
de vie des Ibères , suivant Strabon , était semblable à celui de leurs
voisins les Mèdes et les Arménies. Plus tard la Géorgie comprenait une
partie de l'Arménie septentrionale. Par suite de ces relations les Ibères
et les Géorgiens ont dû adopter des Arménies plusieurs de leurs traditions. Et voilà pourquoi les peuples kaukasiques de race ibère, à
l'exemple des Arménies , font remonter leur origine à *Thargamoss*
(arm. *Thorgama*) , le fils de *Tharschiss* (arm. *Tiras*) , le petit-fils de
Awanan et l'arrière petit-fils de *Iafète*. Comme les Ibères de la Kolchide étaient également en rapport avec leurs voisins les *Albanes*, qui
étaient d'origine kimmérique, ils ont appris d'eux les traditions kimmériques sur Iason, sur Médée , sur Phryxus (cf. Phryxupolis ou Ideessa
en Ibérie) et sur les Argonautes , et ils ont appliqué ces traditions à
l'histoire de leur propre nation. Ensuite , de même que suivant Strabon
les anciens avaient fait descendre les Arménies du Thessale *Armenios*,
on considérait aussi les *Ibères* et les *Albanes* comme issus des Argonautes thessales , compagnons de Iason (*Tacit.* Annales 6 , 34). Quoiqu'il en soit de ces traditions plus ou moins fabuleuses , toujours est-il
que les Ibères formaient une branche de la race iafétique , comme le
prouvent évidemment les débris qui nous restent de leur idiôme dans

l'antiquité. Ainsi, pour ne citer qu'un exemple, les Ligures d'Italie qui appartenaient à la race ibère donnaient au fleuve *Padus* (Pô) le nom de *Bodenkos* (*Polyb.* 2, 16). Ce nom qui signifie *Etroit de fond* (cf. lat. *fundo-anxius*, all. *boden-eng*, gr. *butho-enchos*) ou comme l'a traduit Pline (H, N. 3, 20) *fundo-carens* (n'ayant presque point de lit) appartient, on le voit, à une langue d'origine iafétique. De nos jours les idiômes des Géorgiens, des Lesghis et des Mingréliens qui sont les descendants des anciens Ibères, font aussi partie de la grande famille des langues iafétiques, comme l'ont fait pressentir d'abord les travaux préliminaires de MM. *Brosset* et *Rosen* et comme l'a établi péremptoirement l'examen analytique fait par M. *Bopp* (voir *Die kaukasischen Glieder des Indo-europäischen Sprachstamms*. Berlin, 1847).

C. GROUPE OCCIDENTAL.

Les peuples iafétiques dont se compose le dernier groupe sont les *Kamars*, les *Iavans* et les *Çakes*. A considérer leur position géographique en général, ces peuples occupaient le Nord-Ouest par rapport aux deux autres groupes précédents. Les Kamars sont la souche primitive des nombreuses tribus kimmériques et keltiques qui se sont répandues dans l'Asie mineure et surtout en Europe. Les Iavans sont les ancêtres des Hellènes dans l'Asie mineure et dans l'Europe austro-méridionale, et les Çakes ou *Skuthes* ont été la souche d'où sont sortis d'un côté les *Sarmates* qui sont devenus les pères des Slaves, et de l'autre les *Gètes* qu'il faut considérer comme les pères des Germains et des Scandinaves. Par leurs descendants qui ont joué un rôle si important dans l'histoire du monde, les peuples de ce dernier groupe sont, sans contredit, de toute la race de Iaféte, les plus dignes de fixer notre attention. Les Kamars et leurs descendants se distinguent de leurs frères des autres branches par leurs longues et nombreuses migrations; car il n'y a pas de pays, ni dans l'Asie mineure, ni dans l'Europe, où des tribus kimmériques et keltiques n'aient été établies au moins pendant quelque temps. Par suite de ces migrations et de leur mélange avec d'autres peuples, les Kamars, semblables en cela aux Haïgans et aux Ibères, se sont éloignés, plus que leurs frères des autres branches, du type primitif de la race iafétique. Au contraire les

Iavans et les *Skuthes*, ainsi que les *Aries*, ont conservé plus fidèlement ce type, de sorte que c'est principalement par l'étude des idiômes, des mythologies et des traditions des peuples d'origine arie, hellénique et skythique qu'on parvient à reconnaître le plus clairement leur souche commune et à reconstituer par la pensée les caractères à la fois primitifs et distinctifs, soit physiques, soit moraux, soit intellectuels, de la race de Iafète.

VIII. LES KAMARS.

Dans la table ethno-généalogique de la Genèse, les *Kamars* figurent sous le nom de *Gomer*, et dans les chroniques d'Arménie sous celui de *Gamar*. Comme, par le nombre de ses descendants, par ses longues et nombreuses migrations et par la grande étendue de ses établissements en Asie et en Europe, la branche kamare est évidemment la plus importante de toutes les branches iafétiques, la Genèse représente aussi Gomer comme le plus distingué ou comme l'aîné de la race ; car elle le nomme en premier lieu parmi les fils de Iafète, et considérant sa lignée comme la lignée principale, elle fait pour lui ce qu'elle a négligé de faire pour les autres fils de Iafète, elle énumère aussi ses descendants directs. Les tribus de cette branche, appelées *Kamares* ou *Chomares* par les Hellènes, étaient établies primitivement entre les Perses et les Indoux (cf. *Mannert.* Géogr. p. 222) dans un pays appelé *Apia* (sansc. *âpiâ* aquatique, terre sortie de l'eau, gr. *afia*, *aïa* île ; goth. *avi*, norr. *ey* île, suéd. *ö*; cf. gaël. *abh* eau) où leurs descendants existaient encore sous le même nom du temps de *Ptolémée* (v. 6, 11 ; *Mela* 1, 2). C'est de cette *Apiá* (Pays) que sortirent, il y a au moins plus de trois mille ans, des tribus kamares qui se sont divisées ensuite en deux branches. Les peuplades de la première branche conservèrent l'ancien nom de *Kamar* qui signifiait *Violent* (cf. gaël. *kama* hardi ; kymriq. *kimber* brigand, *kambro*, *ambro* ravageur) et qui, selon les idées d'alors, était synonyme de *hardi*, *énergique* et *puissant*. Les tribus de la seconde branche, sans doute parce qu'elles étaient établies dans les montagnes au Nord-Est de l'Arménie, prirent le nom de *Chalubes* ou *Hhalubes* qui signifiait *Montagnards* (cf. gaël. *alp* p. *kalp* abri, rocher, montagne ; *Kalpè* ou *Alubè* Gibraltar; irl. *alb*, latin-pélasge *alpes;* cf. slav. *chrby* montagnes, *Karpathes*) et que leurs descendants ont gardé dans la suite, alors même qu'ils n'habitaient plus des contrées montagneuses.

1. *Les Kamars.* — Les tribus kamares qui étaient sorties de l'*Apiâ* et s'étaient portées vers le Nord-Ouest passèrent par les défilés du Kaukase et se répandirent dans le voisinage de la Kolchide. C'est là que les Grecs (*Dionys. Périég.* 696 suiv.) les ont connues sous le nom de *Kamarites* (Tenant des Kamars) (¹). Ensuite les descendants des Kamars se répandirent plus à l'Ouest dans la Chersonèse Taurique et sur les bords septentrionaux de la mer noire jusqu'en Thrace. Dans ces contrées, encore inconnues aux Grecs du temps d'Homère, ils étaient établis (*Odyss.* 11, 14) sous le nom de *Kimméries* (cf. armén. *Gimmeri* descendant de *Gamar*). Mais, longtemps avant Homère et les Homérides, des tribus kamares ou kimméries tels que les *Kikones* (Cigognes), les *Gerones* (Grues), les *Krestoniates* (Hirondelles), les *Kat-tuses* (Chats-incubes; v. *Steph. de Byz.* s. v. *Kattuze*), les *Myg-dones* (Habitants du bourg de la truie), les *Abies* (Habitants de l'Apia), etc., avaient pénétré dans les contrées placées entre la Propontide et l'Ister, et comme ces peuplades se donnaient le nom général de *Hardis* (gaël. *Treorach,* gr. *Trêres,* v. *Plin.* 4, 10) que les anciens Hellènes ont rendu dans leur langue par *Thraseis* ou *Thrasikes* (sansc. *dharschitas, dhrischtas* endurci, hardi; v. h. all. *drâti,* all. *dreist,* thrake *thraïttès* dure, pierre) ce pays prit aussi, dès la plus haute antiquité, le nom de *Thrâke* (p. *thrasikè, thraïkè,* Pays des Thrasies, la Thrace). Les Thrâkes étaient donc les frères des Kimméries à l'Ouest desquels ils s'étaient établis. Aussi dans la Genèse *Tirâs* (p. *Thrasus* Hardi), le père et le représentant ethnique des Thraces est-il considéré comme le frère de *Gomer,* le père et le représentant des Kamars ou Kimméries.

C'est de la Thrâke que des Kimméries et des Trêres (v. *Strabon* 1, p. 61) ou des Kimro-thrakes se répandirent ensuite dans l'Asie mineure, en longeant d'abord principalement les bords de la Propontide et du Pont et les côtes de la mer Egée. A la suite de ces irruptions les *Bebrukes* (p. *Babriges* Ayant de bons remparts; cf. gaël. *ba* excellent,

---

(¹) *Eustathius (ad Dionys. Périég.* 700) dérive le nom de Kamarites du nom de leurs navires que, tout au contraire, d'après le peuple qui s'en servait, on avait appelés *Kamares.* C'est comme si l'on faisait dériver le nom des habitants de la Liburnie du nom des *liburnes* (lat. *liburna navis*) espèce de felouque propre à ces habitants et appelée d'après eux.

scyth. *bat* bon ; pazend *bah ;* sansc. *vasus; gr. eu ;* cf. *Bi-thunes)* les
Mygdones, les *Thunes* (Ayant des remparts , cf. kelt. *dunum* bourg ;
fr. *dunes* Remparts contre la mer), les *Bi-thunes* (p. *bah-thunes*) , les
Marian-dunes (Thunes de la mer), les *Kaukones*, les *Paphlagones*, tous
peuples d'origine kimmérie, vinrent occuper le bourg de Sinope , sur
le Pont-Euxin et les pays appelés la Bithynie et la Paphlagonie. Selon
Josèphe (Antiq. 1 , 6 , 1) les anciens Hébreux donnaient à la Paphlagonie le nom de *Riphât.* Or comme les Paphlagones étaient d'origine
kimmérie , la Genèse a dû aussi , comme elle le fait effectivement ,
compter *Riphat* parmi les fils de *Gomer.*

Des Kimro-thraces nommés *Bruges* ou *Briges* (Bourgeois ; thrace
briha bourg ; cf. kelt. *Lato-briges*, *Nitio-briges*, etc.) s'établirent également dans le pays qui, d'après eux, eut le nom de *Phrygie* (p. *Brigia*).
Aussi Strabon a-t-il raison de dire que les Phrygies étaient issus des
Thraces (Kimro-thraces). Il y avait une contrée nommée *Askania (Ilias.*
2 , 862 ; *Arrh.* Alex. 1 , 30 ; *Plin.* 5 , 40). Ce nom signifiait sans doute
Montagneuse (cf. gaël. *ascain* montagne , *ascnadh* montée) et servait
probablement aussi à désigner toute le Phrygie. *Askanas* que les Hébreux ont rendu par *Aschkenas* pouvait donc être synonyme de Phryx
et comme les Phryges étaient des Kimro-thraces ou d'origine kimmérique, *Aschkenas* est naturellement énuméré dans la Genèse parmi les
fils de *Gomer.*

Un autre peuple kimméro-thrace , les *Moises* (cf. kelt. *Moisa* la
Meuse) s'établit en Asie dans la contrée appelée , d'après eux , la
Mysie. Ils étaient les frères des Kimméro-thraces de la Phrygie et de
la Lydie (Maeonie) et c'est pourquoi il est dit qu'ils parlaient une langue
semblable au lydien et au phrygien (*Hérodot.* 7 , 74 ; *Strab.* XII). Ils
sortirent plus tard de l'Asie pour rentrer en Thrace sous le nom de
Moises. Selon la tradition , des amazones ou prêtresses kimméries fondèrent les villes d'Ephèse , de Smyrne, de Kyme , de Myrène , etc.
(V. *Les Amazones dans l'histoire et dans la fable.*) La ville de *Sardes*
(Enceinte; cf. lith. *Zardis* Enceinte) en Lydie paraît avoir eu une partie
du moins de sa population composée de Kimméries; car cette cité fut
prise presque toutes les fois que les Kimméries ont fait des invasions
dans l'Asie mineure. Des Kimméries étaient aussi établis en Karie et
en Lykie comme le prouvent non seulement des traditions locales et
l'établissement dans ces pays du culte kimmérie ou hyperborée d'A-
pollon et d'Artémis, mais encore le titre de *Lygdamis* (Chef) que por-

taient les rois en Karie et qui était probablement, comme celui de *Lucumo* chez les Kimméries étrusques, un nom d'origine kamare. L'Arménie occidentale était habitée en grande partie par des Phryges, de sorte que les Phryges ont pu être confondus avec les Arménies et que Hérodote prétendit même que ceux-ci étaient issus de ceux-là. Or comme les Arménies avaient pour père *Thorgom*, et que les Phryges ont été, du moins en partie, confondus avec les Arménies, la Genèse a pu compter Thorgom, le père des Phryges-Arménies, parmi les fils de Gomer. La Kappadoke n'était pas seulement habitée par des peuples d'origine assure, arménie et ibère, mais aussi par des tribus kimméries. C'est pourquoi les Arménies désignaient ces tribus kimméries de la Kappadoke sous le nom de *Gimmeri* qui était identique à celui des *Kimméries*.

II. *Les Hhalubes.* — La seconde branche kamare ou les *Montagnards* (Chalubes) se distinguaient dans l'antiquité, ainsi que leurs voisins les *Ibères*, par leur habileté d'exploiter les mines et de façonner les métaux. Déjà du temps d'Homère, *Alubè* (p. *Hhalubè*, Montagneuse) ou le pays des Chalubes, était renommé pour ses mines d'où l'on tirait le fer (cf. gr. *chalubs* Provenant de *chalubè* ou Provenant des *montagnes*, acier, lith. *gelesis*, cf. gr. *chalkos* airain, gr. *çidéros* p. *çilfaros* fer) et surtout l'argent (goth. *çilubr*, lith. *Sidabras* p. *Silabras*; cf. lat. *sulfur* soufre). Aussi *Alubè* devint-elle, chez les Grecs, synonyme de contrée de l'*acier* (Chalybs) ou de l'*airain* (Chalkos), de sorte qu'ils lui donnèrent (v. *Diod.* 14, 39; *Eustath. ad Dionys.* v. 767; *Strabon* 12, p. 549) le nom grec plus explicite de *Chalkis* et substituèrent par conséquent au nom de *Hhalubes* celui de *Chalkidcës* (Habitants de Chalkis). Cependant les Kamars Hhalubes ne se livraient pas exclusivement à l'exploitation des mines; ces montagnards étaient aussi des guerriers redoutables. Parmi eux se distinguaient principalement les *Khaldes* dont le nom signifiait *Valeureux* (cf. armor. *galluus* p. *galduus* vaillant; v. h. all. *helid* héros). Cette dénomination guerrière devint même le nom général de tous les Hhalubes. Voilà pourquoi *Strabon* (12, p. 548) et *Etienne* de Byzance (s. v. *alubè*) ont pu dire qu'anciennement les *Chaldes* ou leurs descendants les *Chaldæes* s'appelaient *Chalybes*. Du temps de Xénophon (*Anab.* 7, 8, 25) il y avait encore des *Chalubes* établis à côté des *Chaldæes*. Les Chaldes valeureux servaient comme mercenaires dans les armées des rois étrangers. Il y en avait jusque dans l'armée des rois indous (*Cyrop.* 3, 2, 7); ils servaient Cyrus dans ses expéditions (*Cyrop*. 7, 2, 5, *Anabasis* 4, 3, 4), et suivant Hérodote ils formaient avec les Assurs une subdivision dans l'armée de Xerxès. Entraînés par les Scythes, lors de leur invasion dans la Babylonie et la Palestine, au septième siècle avant notre ère, les Chaldées entrèrent en Babylonie et s'y fixèrent, près du golfe persique (*Strabon* 16, p. 739), dans un district qui, d'après eux, prit le nom de *Chaldée* (*Ptolém*. 5, 20). Leurs prêtres ou Druides desservaient même le temple de Belus (cf. gall. *Beal*) à Babylone (*Hérod*. 1, 181), et, absorbant peu à peu la classe sacerdotale des *Casdes* ou des *Mages* originaires de la Médie, ils devinrent plus tard, du temps de l'empire romain, à la fois fameux et dangereux par leur science de l'astrologie, de la magie et de la thaumaturgie. Xénophon trouva des guerriers chaldæes établis sur la mer noire (*Anab*. 5, 5, 17) entre les Kolches à l'Est, et les Leukosyres à l'Ouest ; et encore du temps de Strabon il y avait des Chaldæes établis entre les Tibarenes au Nord et la Petite-Arménie au Sud.

C'est ainsi que les deux branches de la race kamare, les *Kimrothraces* issus des *Kamares* et les *Khaldes* issus des *Hhalubes*, se sont répandues dans presque toutes les parties de l'Asie mineure. Ce sont eux qui ont importé dans Telmessus et Kibyra en Lykie (*Strab*. 14, 245 ; 13, 160) et dans Kisthène en Kilikie (*Strab*. 13, 121-126) leurs connaissances et leur industrie métallurgiques. Ce fut d'eux que les Grecs adoptèrent beaucoup d'idées et de pratiques religieuses, surtout le culte d'Artémis originaire de l'Inde, ainsi que les prêtresses d'Artémis appelées *amazones* (V. *les Amazones dans l'histoire et dans la fable*, 1852). Trouvant partout des frères dans l'Asie mineure, les Kimméries des bords septentrionaux de la mer noire étaient naturellement et sans cesse attirés vers ces contrées méridionales. Aussi firent-ils de fréquentes invasions dans l'Asie mineure. Lorsque eux-mêmes au septième siècle ils furent chassés, par les Scythes, de la Chersonèse Taurique et des bords septentrionaux de la mer noire, ils se réfugièrent chez leurs frères asiatiques, les uns chez les Chalybes ou Chaldes au Nord de l'Assyrie, les autres à Sinope (*Hérod*. IV, 12) peuplé de Kimro-thraces, d'autres encore à *Sardes*, d'où le roi lydien Sadyattès les expulsa de nouveau en 600 avant notre ère. Peu à peu les Kimméries et les Chaldes se sont confondus avec les grandes nations de l'Asie mineure au milieu desquelles ils s'étaient établis, et ainsi ils ont fait oublier leurs noms si célèbres dans l'antiquité. Mais s'ils se sont effacés presqu'entièrement en Orient, ils ont eu de plus grandes destinées en Europe. Car tandis qu'ils se sont répandus dans l'Asie mineure, il y a eu aussi, dans la plus haute antiquité, des tribus kimméries et chaldes qui ont passé en Thrace et de là dans presque tous les pays de l'Europe ancienne. Les tribus les plus anciennes qui s'établirent dans les deux presqu'îles de la Grèce et de l'Italie furent nommés *Pelasges* par les Hellènes et celles qui se fixèrent plus au Nord de l'Europe reçurent le nom d'*Hyperborées*.

III. *Les Pelasges.* — Les premières tribus kimméries étaient établies dans la Thrâke au moins 2000 ans avant notre ère. C'est de ce pays où, dans l'antiquité, les migrations des peuples de l'Asie en Europe et plus tard de l'Europe en Asie se sont continuellement croisées, que partirent les peuplades qui se répandirent dans les deux presqu'îles de la Grèce et de l'Italie. Ces peuplades étaient originairement composées en majeure partie d'hommes jeunes et entreprenants qui en temps de disette avaient été désignés par le sort (cf. lat. *ver sacrum*) pour quitter le pays de leurs pères ou bien qui, pour différentes raisons, allèrent, en étrangers et en vagabonds, chercher ailleurs de nouveaux établissements. Aussi se donnaient-ils à eux-mêmes et portaient-ils dans la suite chez les Grecs le nom de *Pelasges* qui signifiait à la fois *Expulsés*, *Exilés*, *Errants* et *Etrangers*. [1] Ce nom fut surtout donné à des chefs de colons et c'est pourquoi les anciennes traditions grecques l'ont appliqué, comme nom propre, à plusieurs fondateurs d'Etats et de villes en Grèce avant l'arrivée des Hellènes proprement dits. Ces traditions citent principalement neuf chefs qui tous portaient le nom de *Pelasgos*. Les peuplades kimméro-thrâkes nommées Pelasges, avant même l'existence des Hellènes, descendirent dans la presqu'île de la

---

[1] Le nom de *Pelasges* dérive d'un thème idéal V-RAKA ou V-LAKA qui signifie *Pousser* (v. *Poëmes islandais*, p. 444) et qui est tellement ancien et tellement fondé dans le sentiment créateur du langage qu'il se retrouve sous des formes très-nombreuses, non seulement dans les langues iafétiques, mais aussi dans les idiômes sémitiques. En éthiopien *fallâsi* signifie *étranger*, en hébreu *peleschèt* signifie *immigration* (cf. les *Philistins*; la *Palestine*). Dans les langues slaves ce mot se présente sous les formes de *Volos*, *wolho*, *wloch*, *wlk*, etc., qui signifient *expulsé*, *vagabond*, *nomade*, *loup*. En vieux haut allemand *Falah* dans *Vest-falah*, *Ost-falah* a la signification de *étranger*. De *Valah* on a fait en vieux haut allemand *walahisk* (Tenant de l'étranger, all. *welsch*, fr. *welche*). Dans le mot *Pelasges* les lettres *sg* représentaient une gutturale chuintante qui équivalait au *j* français et

Grèce et jusque dans le Peloponèse où elles se trouvaient établies
déjà 1800 ans avant notre ère, et auquel elles donnèrent le nom d'*Apia*
(Pays) qui rappelle l'*Aïa* (p. *apia*, *afia*) de leurs ancêtres les Kamars
de l'Asie.

Selon les traditions helléniques les Pelasges comprenant les Leleges
et les Kurètes s'établirent à Argos, sous Inachus, vers 1980; à Sikyone,
sous Aigialeus, vers 1850; à Lakedaimon, sous Sparton, roi des Leleges, vers 1880; en Messénie, sous Polychaon, vers 1700; dans
l'Attique et en Béotie, sous Ogygès, vers 1870; en Epire et en Thessalie, sous les fils de Lykaon et de Deukalion, vers 1800. D'autres
peuplades pelasges ou kimméro-thrâkes telles que les Myses joints
aux Teukres et aux Dardanes qui avaient quitté leurs établissements
en Arcadie pénétrèrent en Thessalie et en expulsèrent leurs frères les
Thrâkes du Strymon (*Hérodot.* 7, 20, 75). Les Pelasges Paeones, les
descendants des Teukres (*Hérod.* 5, 13) s'établirent en Paeonie appelée
plus tard la Macédoine. Les Pelasges Illyres qui étaient les parents des
Dardanes (*Appian*, Illyr. 2, p. 780) s'établirent dans le pays appelé,
d'après eux, l'Illyrie. Selon Saint Jérôme qui savait le celtique qu'on
parlait de son temps, *Illyres* signifiait *étrangers* (advenæ, cf. gaël.
eile-fear homme d'un autre pays, cf. gall. *all-man* qui est *d'un autre
endroit*) et correspondait par conséquent par sa signification au nom
de *Pelasges*. L'habitude de se tatouer était propre à plusieurs peuples
d'origine kelto-kimrique. C'est ainsi que les Iapodes de l'Illyrie étaient
tatoués (gr. *katastiktoï*) comme en général les Illyres et les Thrâkes
(*Strabo* VII, p. 418). Aux Liburnes, qui étaient également de race
illyre, vinrent se joindre plus tard les Dalmates (hommes de la plaine),
peuple d'origine sarmate et qui donnèrent leur nom à la Dalmatie.

---

que les Grecs qui n'avaient pas cette espèce de gutturale, étaient obligés d'exprimer
par une gutturale et une sibilante. Le seul mot attique qui eût quelque ressemblance avec le mot kimmérie Pelasgos était *Pelargos* (Blanc aux uropygiales, Ci-
gogne), d'autant plus que les Attiques, par mignardise, prononçaient *pelágos* et le
rapprochaient ainsi dans la prononciation de *pelasgos*. Aussi du temps de Thucy-
dide les érudits grecs par une substitution tout-à-fait arbitraire remplacent-ils le
nom de *Pelasgos* par celui de *Pelargos*. Le nom d'*Expulsés* (Pelasges) n'avait du
reste rien d'ignominieux, il était au contraire comme les noms analogues chez les
peuples d'origine scythique (cf. *Parthes* Partis, Exilés; *Hyrkans* Exilés, Loups;
norr. *vargr* exilé, loup; anglos. *wrækkan* voy. *Vldstd* v. 254-258) une dénomination honorifique exprimant l'énergie et la valeur (cf. Kamar).

Enfin le nom d'*Albanie* (Montagneuse) remonte probablement à l'époque ancienne où les peuples pelasges ou kimméro-thrâkes s'établirent dans cette contrée qui porte encore aujourd'hui ce nom d'origine kelto-kimrique, bien que la race primitive pelasge qui le lui a donné ait été remplacée plus tard dans ce pays, à différentes époques de l'histoire, par des Grecs, des Slaves, des Madjares et des Turcs.

Pendant que les Kimméro-thrâkes ou les Pelasges se répandirent ainsi dans toutes les parties de la presqu'île de la Grèce, d'autres peuplades, de même origine ou issues de ceux-ci, s'établirent également dans la presqu'île italique. Ce pays, dans la partie septentrionale, était déjà occupé par les Ligures et les Sikules qui étaient d'origine ibère. Les Pelasges ou Kimméro-thrâkes en partie refoulèrent ces peuples du Nord au Sud, et en partie se mêlèrent avec eux et formèrent les peuples appelés les *Ausones* (Aurunes, Aurunici), les *Umbres* (gr *Ombrikoï*, Ambrones; v. *Sol.* 8; *Serv.* ad Æneïd, xii) et les *Oskes* (p. Opiskes, Opikes, *Issus d'Ops*). La *Messapia* (*Mess-apia* Pays du milieu) portait un nom essentiellement kimmérique ou pelasge. Les Pelignes, selon Festus, descendaient des Illyres, et les Sabins avaient la même origine kamare, comme le prouve leur nom qui dans la langue illyre ainsi que dans d'autres idiômes kamars signifiait *Javelots* (v. *Hesych.* s. v. *Saunion ;* Festus s. v. *Sabinum ;* cf. gallois *Safwy* javelot). Les Pelasges formaient donc dans les deux presqu'îles de la Grèce et de l'Italie la population appelée plus tard Autochthone ou Aborigène. Ce furent des Pelasges Dardanes ou Teukres qui fondèrent l'empire de Troie et une colonie de Pelasges *Turrhènes* (cf. Tursènes, Tarkunes cf. Tarquinii) sortie de la *Tyrrhebie* (*Turs-apia* Pays sec, ainsi appelée par opposition à l'*Asia* ou à la contrée *humide* (gr. *asia*) du Kaystre, laquelle a donné son nom à l'Asie) vint s'établir en Italie où elle prit le nom de *Tuskes* (p. *Turskes*) ou *Etruskes*.

Non seulement les anciens peuples de la Grèce et de l'Italie qui étaient d'origine kimméro-thrace, mais aussi leurs frères de l'Asie mineure furent désignés, par les logographes grecs, sous le nom de *Pelasges*. C'est ainsi que les Bebrukes, les Thunes, les Doliones, les Paphlagones, les Tyrrhènes, les Kares, etc., qui étaient d'origine kimmérie eurent, dans la tradition grecque, le nom de *Pelasges*. Et en effet, un grand nombre de faits prouvent d'une manière incontestable que les Pelasges étaient, en grande majorité du moins, de race chaldo-kimmérique à laquelle se rattachaient plus tard les Keltes et les Kimris de l'Europe occidentale. 1° D'abord le nom même de *Pelasge* (Expulsé) provenait sans doute d'un usage particulier aux peuples kelto-kimriques et suivant lequel, en temps de disette, on dévouait aux dieux tout ce qui était né au printemps de l'année, plantes, animaux et hommes (lat. *ver sacrum*). Lorsque plus tard une nouvelle disette survint, les enfants du même âge ainsi dévoués antérieurement (lat. *sacrani*) et devenus adultes furent expulsés ou exilés du pays, ils devinrent *pelasges* (expulsés, étrangers, vagabonds). C'est ainsi que, selon Hérodote, le Pelasge tyrsène qui, de la Tyrrhébie lydienne, patrie des Tyrsènes, conduisit des colons dans l'Etrurie, était un fils de roi lequel fut exilé avec ses compagnons lors d'une grande disette. 2° Un des caractères distinctifs des peuples kimro-keltiques était la prédominance de la femme sur l'homme (V. *Les Amazones dans l'histoire et dans la fable*, p. 21). Cette particularité se retrouvait aussi chez les peuples appelés Pelasges. Ainsi les *Lucumones* des Pelasges étrusques comme les *Lugdamides* des Karo-Lykiens kimris se nommaient non d'après leurs pères, mais d'après leurs mères. Aussi dans la mythologie des Pelasges la divinité suprême était une divinité femelle, la Kabire *Aksieros* ou la nature considérée à la fois comme principe de vie (Artémis, Eileithuia) et de mort (Proserpine). 3° L'identité de race des peuples appelés Kimméries ou Pelasges est aussi prouvée par l'analogie de la religion des Kimméries et des Pelasges. En effet, le nom de *Kabeires* ou *Kobeires*, de *Kobales* ou *Kubèles* des Pelasges ne s'explique que dans les langues kimro-keltiques où il signifie *Secourables* (gaël. *cabhaireach*, basse latinité *Gobelinus* Tenant des Secourables, fr. *Gobelin*). Les Grecs donnaient indistinctement une origine *hyperborée* ou kimmérie et une origine pelasge (v. *Dionys. Hal.* 1, 23) au culte du Ciel (Zeus), du Soleil (Apollon) et de la Lune (Artémis). On appelait pelasges les prêtresses d'Artémis ou les amazones qui étaient d'origine kimmérienne. Le culte du Chêne chez les Pelasges à Dodone, était identique au culte druidique du chêne chez les peuples keltiques. 4° Les murs et les constructions en pierre que les anciens attribuaient aux Pelasges sont analogues aux constructions gigantesques en pierre qu'on remarquait chez les peuples kimro-keltiques. Dans la langue des Marses de l'Italie, peuple d'origine pelasge ou kimméro-thrace, le mot *herna* qui signifiait *rochers* ou *montagne* était identique au mot keltique *cairn* (amas de pierres, montagne); et le nom des Pelasges *Herniques* de l'Italie correspondait au mot gaélique *carnanach* (montagnard) ou au mot gallois *haïarn* (provenant de la montagne, fer ; cf. gr. *chalubs* acier et *alb* montagne).

IV. *Les Hyperborées.* — Lorsque les Hellènes se furent établis dans la presqu'île de la Hellade et qu'ils en eurent refoulé en grande partie les Pelasges, ils désignèrent les Kimméries de la Thrace sous le nom général de *Hyperborées* (Ceux au-delà de Borée). Ce nom, connu des Homérides et d'Hésiode, s'appliquait, dans l'origine seulement, aux Thrâkes septentrionaux établis au-delà des montagnes sur lesquelles on plaçait le séjour de Borée ou de la personnification du Vent du Nord. Mais plus tard, à mesure que les Kimméro-thrâkes s'étaient répandus plus vers le nord et vers l'ouest de l'Europe, et que les connaissances géographiques des Grecs s'étendirent dans ces deux directions, le nom de *Hyperborées* comprenait spécialement les habitants des pays appelés dans la suite la Germanie et la Scandinavie. Ce nom, il est vrai, fut appliqué peu à peu aux habitants de tout le nord de l'Europe et de l'Asie et même à des peuples qui n'existaient que dans l'imagination des poètes et dans les récits mensongers des voyageurs et marchands grecs et phéniciens. Mais du temps des logographes, lorsque les Grecs attachèrent une idée précise au nom de Hyperborées, il désignait les Kimméries de la Keltique qui occupaient les contrées de l'Europe centrale où vinrent dans la suite s'établir les Germains. C'étaient en effet des Kimméries établis dans ces contrées et connus des Grecs, sous le nom de Hyperborées, qui se mettaient en rapport, pour leurs intérêts religieux, avec leurs frères, leurs pères et leurs coréligionnaires les Kimméries de la Thrace et même avec les Kimméries de la Lykie et qui par l'intermédiaire des uns et des autres furent mis en contact avec les Grecs de la Hellade et avec ceux de l'Asie mineure (cf. *Diod.* Bibl. hist. II, 37). Ainsi lorsqu'une colonie lyko-kimmérie, représentée, dans la tradition grecque, par le prêtre-poète *Olen*, eut fondé à Delos le sanctuaire d'*Eileithyia* (Tourmente des entrailles, Douleur de l'enfantement) ou d'Artémis, leurs coréligionnaires les Kimméries hyperborées de la Keltique envoyèrent dans cette île des ambassades religieuses (théories) avec des présents et des offrandes. Les premières de ces théories étaient sous les ordres de druidesses ou d'amazones hyperborées que les Grecs, suivant leur usage de donner aux prêtresses des noms épithétiques empruntés aux divinités qu'elles servaient, ont nommé *Opis* (cf. *Oupis* Secours) *Argè* ou *Ekaërgè* (Agissant au loin, *Pausan.* V, 1, 8) et *Loxo* (Ambiguë), d'après les noms épithétiques qu'eux ils donnaient à la déesse Artémis d'origine kimmérie. Ces amazones hyperborées ou kelto-kimméries furent ensuite confondues, dans la tradition grecque, avec les amazones lyko-kimméries qui, sous la conduite d'Olèn, avaient fondé le sanctuaire à Delos, et c'est pourquoi le druide Olèn de la Lykie (et dont le nom hiératique rappelle celui du devin étrusque *Olen Calen*) fut aussi considéré comme un prêtre hyperborée, compatriote des amazones hyperborées. Vers l'an 562 un autre druide thaumaturge, l'hyperborée *Abaris* qui, comme prêtre de l'Apollon kimméric, portait une flèche, le symbole de ce dieu, vint en Grèce après avoir quitté sa patrie désolée par une famine (cf. *Hérod.* iv, 36). Plus tard, les Grecs ayant appris à mieux connaître les Kimméries qu'ils appelaient *Hyperborées*, leur donnèrent le nom indigène de *Keltes* et ne se servaient plus du nom d'hyperborées que pour désigner des peuples inconnus et fabuleux du Nord de l'Europe et de l'Asie (cf. *Diod. Sicil.* 2, 47; *Plin. H. N.* 4, 25).

V. *Les Keltes ou Galates.* — Au sixième siècle avant notre ère, les Hellènes substituèrent au nom vague et indéterminé de Hyperborées, celui plus précis et plus explicite de *Keltes* lequel n'était qu'une autre forme du nom des *Chaldes* et prouve que les descendants des deux branches de la race kamare, les Khaldes et les Kimméries, s'étaient établis, depuis plusieurs siècles, entre le Danube, les Karpathes et la Vistule. De même que dans l'Asie les Khaldes étaient placés au Sud-Ouest des Kimméries, de même aussi en Europe les Keltes, autrement appelés les *Galates*, étaient établis au Sud-Ouest des Kimméries, autrement appelés *Cimbres* (*Strabon* v, 32). Comme les Keltes étaient plus rapprochés des Grecs et par conséquent mieux connus d'eux, ce fut aussi leur nom qui servait à désigner à la fois les deux branches de la race kamare. La branche des Kimméries comprenait non seulement les Cimbres de la Chersonèse cimbrique (*Plin.* 2, 27) mais encore, entre autres peuplades, les Sithones de la Suède, les Istawones du Rhin (*Plin.* 4, 28), les Aduatiques et les Nervies de la Belgique (*Diod. Cass.* 39, 4; *App. Gall.* 4), etc. Lorsqu'au premier siècle avant notre ère les Keltes furent refoulés par les Germains sur la rive gauche du Rhin, l'ancienne *Keltique*, comprise entre les Karpathes et le Rhin, prit dès-lors le nom de *Germanie.* Ce nom, comme celui de Keltique, fut étendu aussi aux pays scandinaves, et c'est pourquoi plusieurs peuplades keltiques ou kimméries établies dans ces contrées du Nord, entre autres les Kimbres du Jutland et les Sithones de la Suède, furent également, mais improprement, compris sous le nom de Germains. Cependant ce qui prouve que les Cimbres étaient de race kimmérie, c'est non seulement le nom de Keltes que leur donne positivement Strabon qui les regarde, sinon comme les descendants des Kimméries de la mer noire, du moins comme leurs parents ; c'est encore l'institution des druidesses que leur attribue ce géographe, institution essentiellement keltique et étrangère aux Germains (*Géogr.* 7, § 2, 3); c'est enfin, et surtout, leur langue qui fournit le témoignage irrécusable de leur extraction keltique. En effet, le périégète Philémon dit que, dans la langue des Kimbres, l'Océan septentrional portait le nom de *Morimarousa* (mer morte) et que plus au Nord cette mer prenait le nom de *Océan cronien* (cronium. *Plin.* 4, 27, 4). Or ces deux noms ne s'expliquent complètement que par les idiômes celtiques. Car en gallois bas breton *mor mariosis* signifie *mer morte*, et en irlandais *muir-chroinn* signifie *mer coagulée ou congelée*. Les Cimbres étaient de race kimmérique ainsi que leurs alliés les *Teutons* (kim. *teuta* tribu) et les compagnons de ceux-ci, les *Ambrones* (cf. *ambar* Violent) dont les noms, à en juger déjà par leur forme extérieure, ne sauraient être des mots germaniques. Quant aux Sitônes de la Suède mentionnés par Tacite, ils étaient sans doute de même souche que les *Sidônes* que Strabon comptait positivement parmi les *Keltes Bastarnes* (cf. *Liv.* 40, 57, 44, 26) et qui d'après Ptolémée étaient établis entre l'Oder et la Vistule, dans des bourgs comme *Carrodunum*, *Lugidunum*, etc., dont les noms révèlent, par leur forme, l'origine celtique de ces habitants. Ce qui prouve encore l'origine kimmérie ou keltique des Sitônes, c'est d'abord la prédominance des femmes sur les hommes qui, d'après Tacite, existait chez eux et qui était un usage distinctif des races kimméries ; c'est ensuite le nom même de *Sitônes*, lequel avait probablement quelque rapport direct avec celui de *Sithean* qui, chez les Gaëls de la Grande-Bretagne, désigne encore aujourd'hui les *buttes-de-fées*. On peut supposer que, chez les Kimméries de la Thrace, *Sithân* était le nom des buttes creuses consacrées à la Terre-Mère (Proserpine, Axiokersa, Cérès) ou à la *Dame Blanche* (cf. sansc. *Sitâ* Blanche). Ces buttes étaient considérées à la fois comme un tombeau ou demeure souterraine de la déesse, comme l'entrée de l'enfer et du séjour des Mânes et comme un silo communal ou grenier public. Les Kimméries pelasges de l'Etrurie donnaient à ce silo voûté qui se trouvait ordinairement placé au centre de toute ville étrusque, le nom de *mundus* (Gouffre, Bouche cf. lat *mundus Cereris patet*) et les Pelasges de la Grèce l'appelaient *tholos*. La Proserpine kimmérienne portait sans doute le nom épithétique de *abondante en buttes* (cf. gaël. *Sithoneach*) et les Hellènes en adoptant des Kimméro-thrâkes cette divinité, l'ont appelée *Sitón* (Itôn) ou *Athènè Sitônia* (Itônia, Itônaïa). Le promontoire sitônien en Thrace était probablement ainsi appelé d'après un temple de *Sito* qui s'y trouvait, et les Sidônes ou Sithones ont pu tirer leur nom d'une circonstance religieuse analogue.

Dès le huitième siècle avant notre ère les pays appelés plus tard la Belgique, la Gaule et l'Helvétie ont dû être habités par des peuples d'origine kimmérique ou keltique. Les uns étaient venus de l'ancienne Keltique appelée plus tard la Germanie, et c'est pourquoi plusieurs peuplades de la Gaule telles que les *Helvies* (*Cæsar*. B. G. 7, 71) les *Lemovies* (*id*. 8, 46) les *Sennones*, etc., rappelaient, par leurs noms, des peuplades *keltiques* de la Germanie tels que les Helvecones (*Tacit*. Germ. 43), les Lemovies, les Sennones (*Patercul*. 2, 106), etc. Les autres peuples d'origine kimrique étaient venus en Gaule en sortant du Nord de l'Italie ou de l'ancien pays des Sikules. Ceux des Sikules qui ne s'étaient pas retirés dans l'île de Sicile se sont confondus avec les Kimméries ou Pelasges de l'Italie et, par conséquent, ont mêlé leurs traditions avec celles de leurs vainqueurs. Or de même qu'antérieurement les Kimméries de la Thrace, les Illyres et les Pelasges de l'Italie ont pu se reconnaître comme appartenant à la même race, de même aussi les descendants de ces peuples se considéraient encore plus tard comme frères. De là s'est formé une tradition épique, moitié keltique moitié sikule et d'après laquelle *Keltos* (les Kimméries d'Italie), *Illyrios* (les Illyries) et *Galas* (les Galates des Gaules) ont été trois frères, fils de Polyphème (le Héraklès ou dieu du Soleil des Sikules) et de *Galatea* (la personnification de la mer des Gaules). D'après cette tradition les peuples, dont ces trois frères étaient les représentants, passaient pour être sortis de l'Italie supérieure (*Siculia*), voisine de la mer des Gaules (cf. *Appian*, Illyr., p. 758); ce qui était vrai, du moins pour une partie des Kimméries de la Gaule. L'Helvétie eut son nom des Helves (cf. lat. *Gilvus*) ou Helvètes (jaunes), peuple kelte venu sans doute de l'Aquitaine; la Belgique fut nommée d'après les *Belges* ou *Bolgs* (cf. irl. *fear bolgh*, homme welche, homme wallon) qui étaien d'abord établis sur le Rhin inférieur; enfin la Gaule (*Gallia* p. Galdia cf. Chaldia) tenait son nom des *Galdes* (armor. *galluus* p. galduus Vaillant) ou *Galates* (Keltes) parce que la majeure partie de la population gauloise appartenait à la branche chaldique, tandis que les Belges faisaient plutôt partie de la branche kimrique. En s'établissant dans les Gaules les peuplades *galdes*, venues du Nord-Est, refoulèrent vers le Sud-Ouest les *Vaskes* appartenant à une race d'hommes qui, primitivement, était répandue dans l'Europe septentrionale avant l'arrivée des Keltes. [1] Les Galdes ou Galles se sont rencontrés aussi au Sud-Ouest des Gaules avec les *Ibères* et au Sud-Est avec les *Ligures*.

A commencer du septième siècle environ avant notre ère, des peu-

---

[1] Nous préparons en ce moment un travail sur l'origine des *Vaskes* ou *Basques*. Au sujet de cette question si épineuse, voici en résumé les résultats auxquels nous sommes arrivé jusqu'ici. A l'époque où les peuplades kimméries, khaldes et ibères, sorties de l'Asie mineure, se sont répandues dans l'Europe méridionale, la zône septentrionale et moyenne de cette partie du monde était occupée par des peuplades qui étaient venues de l'Oural et qui appartenaient à la branche ougre de la souche tatare. Elles se donnaient le nom de *Hommes de la terre* ou *fils de la terre* (finnois *ma-innemen*) et comme elles vivaient sur les bords de la mer, principalement de la Baltique, elles se nommaient aussi *Gens de l'eau* (finn. *souma-laiseth*, estthon. *soma-lassed*, lapon *sabme-lads*). Par l'arrivée des Keltes au centre et au Nord de l'Europe, ces peuplades furent refoulées, les unes au Nord-Est par les Cimbres, peuples kimméries, les autres au Sud-Ouest par les peuples keltiques. Les peuplades qui avaient été rejetées au Nord-Est furent ensuite encore refoulées dans la partie septentrionale de la Suède par les *Finnes* qui étaient issus de la même race qu'elles, mais formaient la branche cadette de l'ancienne souche ougre. Poussés par les Finnes, leurs frères cadets, lesquels eux-mêmes avaient été rejetés au Nord de l'Europe par l'arrivée des peuples gothiques scandinaves, les peuplades de l'ancienne branche furent confinées dans l'extrémité septentrionale de la Suède où elles sont tombées de plus en plus en décrépitude. Les Lapons sont encore aujourd'hui les faibles restes et les descendants de cette ancienne branche ougre. Quant aux peuplades de cette même branche qui ont été rejetées au Sud-Ouest, les Keltes les ont successivement poussées jusqu'aux pieds des Pyrénées où leurs descendants ont porté déjà dans l'antiquité le nom de *Vaskes*. Les Vaskes dont le nom signifie probablement *fer* ou *épée* (cf. finn. *vaski*) sont donc les cousins germains des Lapons; ils appartenaient à la même souche mais à une branche plus ancienne que les *Finnes* et les *Madjars*. L'extérieur physique des Basques rappelle le beau type finnois et leur idiôme porte la physionomie générale des langues finnoises. Le Basque aurait donc son analogue dans l'idiôme lapon, si celui-ci ne s'était pas appauvri et ne s'était pas laissé influencer, d'un côté par le finnois, et de l'autre par le suédois et le norvégien.

plades gauloises passèrent les Pyrénées et se répandirent dans cette presqu'île à laquelle les Phéniciens et les Carthaginois avaient donné le nom de *S'fàni* (obscur, occidental, cf. héb. *Zephôni* obscur, septentrional, lat. *Hispania*) et que les Grecs (cf. *Skylax*) ont appelée l'*Ibérie*, soit que ce nom dérivàt de celui du fleuve l'Ebre ou de celui du peuple des Ibères ou enfin de ce que les Keltes aient traduit *S'fàni*, ou rendu *Iber*, par le mot équivalent *ivar* (cf. *iar*, *ir*) qui dans leur idiôme signifiait *occidental*. Les peuplades sorties des Gaules trouvèrent déjà établis, en Espagne, des Ibères et des Kantabres, peuples ligures ou liguës, qui étaient venus de l'Helvétie et de l'Italie (*Thucyd.* 6 ; 2 ; *Pansan* 10, 17) où ils s'étaient mêlés aux Pelages ou Kimméro-thràkes. Aussi ces Ibères et ces Kantabres, même avant que les Keltes des Gaules ne se fussent mêlés avec eux, possédaient-ils dans leur langue et leurs mœurs beaucoup d'éléments chaldo-kimmériques. Ainsi les bourgs des Ibères et des Kantabres portaient les noms keltiques de *Julio-briga*, *Sego-briga*, etc. (cf. thrace *briha* bourg); la domination des femmes sur les hommes existait, selon Strabon, chez les Kantabres comme chez plusieurs peuples kimméro-keltiques. Des Cimbres ou Kimméries étaient établis dans la Lusitanie (*Diodor.* liv. 5). Il y avait des *Bébryges* kimriques dans les Pyrénées comme il y avait eu des *Bébryges* (Ayant de bons remparts) kimméro-thràkes en Bithynie. Les descendants des tribus galdes occupaient, sous le nom de *Gallikes*, la *Gallicie* (*Pomp.* Mela 4, 26) ; au centre de l'Espagne étaient établis les *Keltes-Ibères*, mélange de Keltes et d'Ibères, et au Sud, entre le Tage et la Guadiana, habitaient les *Keltikes* (lat. *Celtici*, *Plin.* H. N. 2, 1, *Ptolém.* II, 4) ou les descendants des Keltes.

Au moins avant le cinquième siècle avant notre ère, des tribus keltiques et kimriques avaient passé du Belgium, de la Gaule et de l'Espagne dans les îles de la Grande-Bretagne. Des Kimméries s'établirent dans l'île de *Man* (Mona) qui devint le centre de toutes les institutions religieuses de cette branche et prit le nom sacerdotal de *Mère de Gimri* (*mam Gimru*). Des Kimris, sous le nom de *Bretons* (gr. *Bretanoï* cf. gall. *Brython* Guerriers), se fixèrent aussi dans la partie méridionale de la Grande-Bretagne à laquelle ils ont donné le nom de *Albion* (Montagneuse, cf. gaël. *Albainn* Montagneuse, Ecosse) lequel nom était déjà connu des Grecs du temps d'Aristote (de mundo, 3). Ces Bretons, refoulés plus tard par les Saxons, se retirèrent dans la Cambrie (Cambria, aujourd'hui *Cymru* ou le pays de Wales dont les habitants se nomment encore de nos jours *Cymri*, *Cymriau*). D'après la tradition bretonne *Hu-le-Fort* conduisit les Kimris de Deffrobani (pays d'été) dans la Bretagne et l'Armorique (Llydaw). Sous le nom de *Kaledones* (issus de Kaldes) les tribus de la branche *gaélique* (p. gadhélique, galdique) s'établirent dans le Nord de la Grande-Bretagne (*Dio Cass.* 76, 12; *Cæsar* B. G. 5, 12). Suivant les traditions de l'Irlande cette île a été peuplée par sept immigrations de peuplades gaéliques. De ce nombre étaient les *Skots* (gaël. *Sguit* émigrants) et les *Firbolghs* (gaël. *fear* homme, *bolgh* étranger, cf. vlach) qui vinrent de l'Espagne. L'Irlande eut le nom de *Ivarin* (occidentale) dont s'est formé plus tard celui de *Eirin* et qui, dès le quatrième siècle avant notre ère, était connu aux Grecs sous celui de *Iërne* (v. *Arist.* de mundo, 3). De *Ivarin* (occidentale) les Latins ont formé le nom de *Hibernia* (bivernale). Vers le troisième siècle de notre ère des Pictes (anglos. *Peohtes*) et des Skots passèrent de l'Irlande dans la partie septentrionale de la Grande-Bretagne ou dans la Calédonie. Ce pays commença dès-lors à prendre le nom de *Skotie* qui appartenait d'abord seulement à l'Irlande. Comme les Skots étaient issus de la branche galdique, les montagnards de l'Ecosse se donnent encore aujourd'hui le nom de *Gaidheal* qui est la forme transposée de *gailead* (cf. Skulutes et Skolotes) et qui se prononce *Gaël*.

Tel est en abrégé le tableau des longues et nombreuses migrations que, dans l'espace de près de dix siècles, les peuples de race *kamarehhaldique* (kimmério-keltique, kimry-gadhélique) ont successivement exécutées depuis les confins de l'Inde jusqu'à l'extrémité Nord-Ouest de l'Europe. A ces migrations du Sud-Est au Nord-Ouest il faut ajouter celles qui se sont opérées dans le sens inverse. Ce reflux et ces mouvements rétrogrades, à commencer du septième siècle avant notre ère, ont eu différentes causes, parmi lesquelles il faut citer d'abord la surabondance de la population qui, bien qu'elle fût très-peu considérable comparativement à ce qu'elle est aujourd'hui, était cependant alors trop nombreuse pour pouvoir subsister dans des localités où la terre n'était pas encore suffisamment cultivée. Ensuite les inondations de la mer et les débordements des fleuves forcèrent plusieurs tribus, entre autres les Cimbres et les Teutons, d'aller chercher d'autres établissements; enfin le mouvement continuel des peuples germaniques qui, dès le cinquième siècle avant notre ère, commencèrent à se former et à s'établir dans les pays entre l'Oder, le Danube et le Rhin et qui en refoulèrent les Celtes lesquels, jusqu'alors, avaient seuls occupé ces contrées, imprima aux populations kimro-galliques des chocs dont les contre-coups se transmettant de proche en proche, se firent sentir depuis les Karpathes et les Alpes jusque dans le Nord de la Grande-Bretagne. Les peuplades keltiques qui, pour différentes raisons, furent ainsi forcés d'émigrer, se tournèrent naturellement tout d'abord vers le pays d'où leurs pères étaient jadis sortis, et par conséquent elles suivirent généralement une direction opposée à celle qu'elles avaient prise dans leurs migrations antérieures. Déjà dans l'année 889 avant notre ère le roi gaulois Ambigatus fit partir le superflu de la population (cf. Pelasges) sous la conduite de ses deux neveux Sigovesus et Bellovesus. Le premier, à la tête des Boïes, se dirigea vers la forêt Hercynie en Germanie (appelée alors l'Hyperborée, plus tard la Keltique) et passa de là dans les pays du Danube. Le second se dirigea vers l'Helvétie et l'Italie où il retrouva des frères, les Keltes nommés *Insubres* (p. *Ins-ambres*, gr. *Is-ombres*) qui jadis étaient également sortis de la Gaule (*Strab.* v, p. 212), et il fonda parmi eux la ville de Médiolanum (*Liv.* 5, 34). Les Lingones au Nord des Aedues et à l'Ouest des Séquanes allèrent, unis aux Boïes, s'établir au Sud des Insubres, et les Senones sortirent aussi des Gaules où ils habitaient entre les Lingones et les Carnutes et, joints aux Gaesates, ils se fixèrent sur les bords de la mer Adriatique (*Plin.* 3, 21). Vers 391 avant notre ère, Rome fut prise par des Gaulois qui étaient venus du Nord-Ouest. Les Cimbres et les Teutons quittèrent la Baltique et le Nord de la Germanie et, unis aux Ambrones du Danube, ils pénétrèrent en Italie. C'est de la Germanie méridionale ou de la *basse Galatie* (*Plut.* Aemil. Paul. 9) que sortirent les tribus nombreuses qui, en ravageant et en pillant, parcoururent, dès l'an 280 avant J.-Ch., l'Illyrie, la Macédoine, la Thrace, la Grèce, et dont quelques peuplades tels que les Trocmies et les Tlestoboïes unis aux Tectosages (*Liv.* 38, 16) pénétrèrent jusque dans l'Asie mineure où, conservant le nom de *Galates* ou *Glètes* (Keltes) qu'ils avaient déjà porté au Sud-Est de la Germanie (Keltique), ils s'établirent dans la Galatie, entre la Phrygie et la Paphlagonie (*Diod.* v, 32); de sorte que ces peuplades keltiques, sous le nom de Galates, retournèrent dans ces mêmes contrées de l'Asie d'où leurs ancêtres, sous le nom de Khaldes, étaient sortis plusieurs siècles auparavant. Encore au quatrième et au cinquième siècle de notre ère des *Gallois* de la Grande-Bretagne, chassés par les Saxons, passèrent la Manche et s'établirent sur le *Littoral* (bas-breton *ar-mor*, lat. *ad mare*) appelé depuis l'*Armorique* ou la *Petite-Bretagne*.

Telles sont en résumé les principales migrations des peuples de la race kamare, migrations qui ont été comme le flux dont les vagues ont déferlé depuis l'Inde jusqu'à l'extrémité occidentale de l'Europe, et dont quelques lames, par un reflux naturel, se sont rejetées de nouveau en arrière vers les contrées où, antérieurement, elles avaient successivement pris naissance.

IX. LES IAVANS.

Dans le berceau primitif de la race de Iafète, à l'Ouest des Kambôdjâs ou de l'Arachosie et au Sud-Est des Pahlavas ou de la Perse, il y avait un peuple dont il est déjà fait mention, au moins 1500 ans avant notre ère dans les livres sanscrits (cf. *Lois de Manou*, x, 44) sous le nom de *Yavanas*. Ces livres représentent les Yavanas comme un peuple d'un caractère vif et impétueux (v. *Bhagavat-Pouranam*, éd. Burnouf, tom. i) et c'est sans doute à cause de cette vivacité que ce peuple eut le nom de *Iavans* qui signifiait *Vifs*, *Rapides* (sansc. *Yavan* agile, cheval, cf. *açvas* agile, cheval). Les Iavans eux-mêmes, en adoptant ce nom, l'ont exprimé quelquefois par son synonyme de *Ios* (p. *icFos* pénétrant, rapide, flèche; sansc. *ischus* p. *içvus*, lat. *eqvus* rapide, cheval, gr. *hippos* p. ichpos; norr. *iór* p. ihvor; cf. sansc. *arvâ* flèche, cheval; goth. *arhvus* flèche). De là le nom de *Iade* (gr. *Ias* pays des Ies) qui fut donné à l'Ionie de l'Asie et de l'Europe. Les traditions de l'Inde rapportent que le roi indou Sagaras subjugua les Iavanas, et pour marquer symboliquement leur soumission et leur esclavage, il leur fit couper leurs longs cheveux qu'on regardait comme le signe extérieur de l'homme né libre. C'est probablement pour se soustraire à la domination des rois indoux que les Iavans émigrèrent vers l'Ouest de l'Asie mineure, en passant non, comme les Kimméries, par le Nord ou par le Kaukase, mais par le Sud ou par l'Arménie. La preuve qu'ils ont dû prendre ce chemin c'est que les pays du Kaukase, bien que Strabon dise le contraire, sont restés inconnus aux Grecs asiatiques jusqu'au huitième siècle avant notre ère, ce qui n'aurait pu avoir eu lieu si leurs ancêtres avaient passé par

ces contrées. Arrivés dans l'Asie mineure occidentale , les Iavans ou
Iôns se sont divisés en deux branches. La première composée des Iôns
proprement dits , s'est fixée dans cette partie de l'Asie mineure occidentale qui, d'après eux, a pris plus particulièrement le nom de *Iônia*.
Ce sont probablement ces Iôns que les Assurs et , par eux , les Hébreux
ont connus sous le nom de *Iavan* , au moins onze siècles avant notre
ère (*Genès*. 10 , 2). Par suite de ses progrès rapides dans la civilisation cette branche des Iôns s'est différenciée de bonne heure , quant
aux mœurs et au langage , de ses frères , lesquels ont formé l'autre
branche et ont plus longtemps conservé le type primitif de leurs ancêtres. Aussi les Iôns de l'Ionie asiatique ne sauraient être considérés
comme les descendants de la petite peuplade d'Iôns qui , après avoir
passé de l'Asie en Europe et après avoir été expulsée de l'Attique, est
revenue dans l'Asie mineure à une époque où l'Ionie asiatique formait
déjà depuis longtemps un Etat florissant et puissant. Ce qui prouve ,
en effet, que les Iôns asiatiques avaient pris leurs établissements dans
l'Ionie bien avant le retour de leurs frères les Iôns de l'Attique , c'est
d'abord le nom même des Iôns qui est antérieur à cette époque dans
l'Asie mineure et qui y était même de tout temps le nom général par
excellence pour désigner tous les peuples de la race hellénique (v.
Scholiaste ad Aristoph. Acharn. 544), ce qui certes ne serait pas arrivé ,
si ce nom n'avait pas été le plus anciennement connu dans l'Asie mineure. Ensuite il serait impossible de s'expliquer comment tout ce
littoral aurait pu être peuplé , autant que nous le voyons dans la haute
antiquité , par la petite colonie sortie de l'Attique, si l'Ionie asiatique n'avait pas déjà été occupée, longtemps auparavant, par la première branche des Iôns. Enfin le degré de civilisation auquel l'Ionie
asiatique était arrivé longtemps avant les temps d'Homère prouve que
cette civilisation a été d'une date bien plus ancienne qu'on ne serait
en droit de le supposer , si elle avait seulement commencé après l'arrivée des Iôns de l'Attique.

Pendant que la première branche, composée de Iôns qui conservèrent l'ancien nom de la race , se fixa dans l'Ionie asiatique , l'autre
branche passa en Europe et s'établit d'abord dans l'ancienne Thesprotie (appelée plus tard l'*Epire* , le Littoral) qui , à leur arrivée , était
déjà occupée, au moins vers 1550 avant notre ère , par des Pelasges
kimro-thraces (*Strabon* 10 , p. 229). Ces Pelasges se divisaient en
Graïes , c'est-à-dire en *Montagnards* (cf. gaël. *cruach* monceau, mon-

tagne, kimmér. *krau-kasus* montagne blanche, Caucase ; sansc. *giri*
p. *gari* montagne, gr. *horos* p. *goros* montagne, lat. *Hercules Graïus*
synonyme de *Hercules Penninus* le Tonnerre des *Montagnes*) qui habitaient la partie élevée du pays, et en *Selles* ou *Helles*, c'est-à-dire en
habitants des plaines, des *Marécages* ou des Maremmes de la côte (cf.
gaël. *saill* sel, gr. *helos* marais). Aussi l'ancienne Thesprotie portait-
elle encore le nom kimmérie ou pelasge de *Hellopia* (Pays des Helles).
C'est avec les Helles que les tribus iònes, venues de l'Asie mineure, se
sont mêlées, et elles ont adopté d'eux le nom de *Dôres* qui, n'ayant
point de signification en grec était probablement d'origine kimmérie
et signifiait *Riverains* (kimmérie *duar*, *dôr* terre sortie de l'eau,
cf. *âpia*; cf. *Dôrus* fils de *Neptune*, *Serv. ad Æneid.* II, 27 ; les *Dôres*
conduits par *Héraklès* [cf. Polyphème, 17] sur les côtes de la *Gaule*).
Les Dôres adoptèrent encore des Pelasges kimméries le culte du chêne
et l'oracle dodonien et leurs prêtres conservèrent même à Dodone
l'ancien nom pelasge de *Selles*, afin de rappeler que cet oracle avait
été fondé par des Druides ou prêtres appartenant aux Selles.

D'après les traditions helléniques les Dôres, originaires de la Thesprotie, se divisèrent, dans la Thessalie méridionale appelée Phthiotis,
en deux branches les *Dories* proprement dits et les *Aïoles*. Les tribus
dories s'établirent dans ce qu'on a appelé les *Quatre bourgs doriques*
(gr. *tetrapolis dorika*), et de là elles passèrent au Sud dans le Peloponèse qui à cette époque portait encore le nom pelasge de *Apiâ* (Pays,
île). Elles expulsèrent les Pelasges de toutes les parties de cette presqu'île, à l'exception de l'Arcadie où ces anciens habitants se maintinrent pendant longtemps en assez grand nombre. Plus tard des colonies dories, sorties du Péloponèse, rentrèrent dans l'Asie mineure et
s'établirent dans la Doride, au Sud de l'Ionie. D'autres colons dories
passèrent en Krète, en Italie et en Sicile et se fixèrent surtout à Ta-
rante, à Syracuse et à Agrigente.

Quant aux *Aïoles* (Mobiles) qui se disaient les descendants d'Aïolos,
le dieu des vents changeants, ils se répandirent successivement dans
les contrées qui ont été appelées plus tard la Thessalie, la Macédoine,
la Phocide, la Béotie, l'Acarnanie, la Lokride, l'Achaïe (cf. *Diod.* 4,
67) et même dans l'Elide et dans l'Arcadie. Ensuite des colons aïoles
passèrent dans l'île de Lesbos, et d'autres s'établirent dans l'Aïolide
asiatique, au Nord de l'Ionie. Une branche des Aïoles de la Thessalie ou
de la Lokride passa en Italie, et c'est à cette branche qu'il faut ratta-

cher la peuplade des *Latins*, laquelle différait par son extraction et par son langage de tous les autres peuples italiques, tels que les Ligures, les Etrusques, les Ombres, les Sabins, les Herniques, les Messapies, les Sicules, etc. Tandis que ces peuples étaient de race pelasge, ligure, illyre, ibère, kimmérie ou keltique, les Latins seuls étaient de souche aïolo-dorique et, par conséquent, les frères aînés de ces Hellènes qui plus tard se sont établis dans la Grande-Grèce. Aussi l'idiôme latin primitif ne saurait-il être considéré que comme un dialecte aïole, lequel s'est développé d'une manière particulière dans le Latium et qui, malgré ses particularités, ne différait cependant pas davantage du dialecte éolo-dorique, que le dorique, par exemple, ne différait du dialecte attique ou du dialecte ionique. Cependant ce qui prouve que les Latins n'étaient pas, comme les colons de la Grande-Grèce, originaires de la Hellade méridionale, mais qu'ils étaient sortis de bonne heure de la Grèce septentrionale, et qu'ils ont passé en Italie à une époque où les noms de Hellènes et de Hellade étaient encore inconnus dans le Nord de la Grèce, c'est que, ignorant ces dénominations, ils ont de tout temps désignés les Hellènes sous le nom général de *Graeci* (Graïkes, c'est-à-dire Issus des Graïes) parce qu'ils les considéraient comme les descendants des anciens Graïes (Montagnards) avec lesquels la branche iône, nouvellement arrivée en Europe, s'était mêlée au moins dès le seizième siècle avant notre ère.

Pendant que la branche iône qui avait passé en Europe et qui s'était divisé en *Dories* et en *Aïoles* se répandait de plus en plus dans la Hellade et dans les îles voisines, des tribus iônes de l'autre branche qui était restée en Asie, prirent également la route de l'Europe. Etant passées en Grèce, ces tribus s'établirent les unes dans cette partie de l'Illyrie qui, d'après elles, fut appelée *Iade* ou *Iônie* (*Steph. de Byz. s. v. Ias*) et où, encore du temps d'Appien, il y avait des Iônes voisins des Dâkes et des Gètes; les autres se fixèrent dans l'Attique (gr. *attikè* p. *aktikè*, *Littorale*) qui dès-lors prit aussi d'après eux le nom d'*Ionie* ou d'*Iade* (voy. *Strabon*, liv. II). Mais déjà au onzième siècle avant J.-Ch. les Iônes établis dans l'Attique et dans l'Achaïe furent expulsés de ces deux pays par les *Achaïes* proprement dits. Ces Iônes ainsi chassés, reprirent le chemin de leur ancienne patrie dans l'Asie mineure et rentrèrent de nouveau chez leurs frères les Iônes asiatiques. Dès-lors les noms d'Attique et d'Achaïe ayant été substitués à celui d'*Ionie*, il arriva même que le nom ancien et primitif d'*Iônes* s'effaça presqu'entièrement dans la Hellade et ne se conserva avec éclat que dans l'Ionie asiatique.

Longtemps avant Homère les peuples de la Hellade, que les Latins nommaient les Grecs, se désignaient eux-mêmes par deux noms généraux également usités, celui d'*Hellènes* et celui d'*Achaïes*. Le premier était proprement un nom géographique désignant originairement les tribus doriques sorties de la Hellade primitive ou de l'ancienne *Hellopia* (p. *Hellapia* Pays des Helles). L'autre était un nom honorifique qui signifiait *Très-respectables* (gr. *a-chaïos* de *a* alpha intensif et *chaïos* p. chasios, *chaos* respectable; cf. lat. *cascus* vénérable, ancien, p. casicus, cf. gr. *achaïkos* p. a-chasikos). Dans la Grèce les peuples d'origine aïole ont de tout temps été les plus nombreux. Aussi les Aïoles se sont-ils considérés, et jusqu'à un certain point avec raison, comme les aînés de la race. Après eux vinrent les *Dories* qui passèrent pour les puînés. Enfin les Iônes qui avaient été expulsés ou *éliminés* (gr. *ex-outhos* de *ex* et de *outhos*, lat. *limen*) de l'Attique, et remplacés par des Achaïes, furent regardés comme les cadets de la race. Voilà pourquoi la tradition épique qui s'est formée principalement chez les Aïoles de la Hellade, a énoncé que *Hellèn* qu'on supposait être le père et le représentant de toute la race hellénique, avait trois fils : 1° *Aïolos* l'aîné, le père des Aïoles; 2° *Dôros* le puîné, père des Dôries, et 3° *Xouthos* (p. *Ex-outhos* Eliminé), le cadet dont les fils et successeurs étaient *Achaïos*, le père des Achaïes proprement dits, et *Iôn* le père des Iôns asiatiques. Comme les Hellènes avaient pris leur nom dans l'Epire et dans la Thessalie, où les plus anciens souvenirs épiques et mythologiques se rattachaient au grand cataclysme qui avait eu lieu à l'endroit où s'est formé ensuite le lac achérousien (cf. *Arist.* Météor. 1, 14), les Hellènes rattachaient aussi leur origine à la tradition mythologique des Pelasges de ces contrées, et considéraient *Hellen* comme le fils du Pelasge *Deukalion* (cf. kimriq. *Hu* ; Oceanus *Deucaledonicus* au Nord de l'*Hibernia*), ou comme le petit-fils du Kimmérie caucasique *Prometheus*.

Bien que le nom primitif de toute la race, le nom d'*Iônes*, ne soit resté dans la tradition et dans l'histoire qu'à une branche supposée cadette, et se soit même effacé dans la Hellade proprement dite, il s'est néanmoins maintenu, avec tout son éclat primitif, dans l'Asie mineure et a été employé chez tous les peuples de l'Asie comme nom ordinaire pour désigner les Hellènes en général. En effet, la Grèce et les Grecs étaient nommés *Javan* par les Hébreux, *Iounân* par les Arabes, *Iaunŏ* par les Aramées, *Iounâ* par les Perses, *Ioueüna* par les Arménies, etc. Enfin, de même que de nos jours les Orientaux emploient le nom de *Franks* et de *Roumes* (Romains, Grecs du Bas-Empire) pour désigner en général les peuples chrétiens de l'Europe, de même aussi au commencement du moyen-âge, les Hindous employaient l'ancien nom sanscrit de *Yavanas* pour désigner les peuples hétérodoxes à l'Occident de l'Indoustan, et plus particulièrement les Arabes mohammédans qui étaient devenus leurs vainqueurs et leurs oppresseurs.

X. LES ÇAKES.

La dernière branche de la souche iafétique comprend les peuplades nombreuses des Çakes. Comme ces peuplades ne s'étaient jamais constituées toutes ensemble en corps de nation, elles ne portaient pas non plus, comme les autres branches de la race de Iafète, un seul et même nom général. A l'époque où elles apparurent pour la première fois dans l'histoire, en rapport avec des peuples aries, elles habitaient les contrées appelées aujourd'hui le Turkestan, au Sud du Djihoun, depuis la mer Caspienne jusqu'aux Monts-Nébuleux (*Belurt-tagh*). Au Nord et à l'Est elles touchaient aux peuples altaïques qui étaient nomades comme elles, et dont les descendants au moyen-âge étaient appelés *Tatares mongghols*. Au Sud, elles étaient en contact avec les Baktries et, par leur intermédiaire, en rapport avec les Indous. La peuplade la plus voisine des *Aries* (v. *Pline* 6, 19, 1) et peut-être la plus ancienne et la plus puissante de toutes, portait le nom de *Çakas* qui signifiait *Capables* (norr. *Hagir* aptes), et ce nom, de particulier qu'il était d'abord à cette peuplade, devint ensuite le nom général pour désigner toutes les tribus de la même souche.

Les Çakas figurent dans les traditions des Indous au moins dès le douzième siècle avant notre ère. En effet, ils sont mentionnés dans les plus anciens livres sanscrits (v. *Manou* x, 44) d'abord sous le nom de *Çakas* et plus tard sous celui de *Çâkyâs* (Issus des Çakas) et de *Çâkya-sênâs* (Troupes de Çâkyâs). Les anciens Indous comptaient les *Çakas* ainsi que les *Kambôdjâs* (Arachosies), les *Iavanas* (Iônes), les *Pâradas* (Paropomisies) et les *Pahlavas* (Perses) parmi les peuples *voleurs* (sansc. *dasyavas*), *dégradés* (sansc. *çondrâs*) et *hérétiques* (sansc. *Mlêt-*

chas), parce que, disaient-ils, par l'omission des sacrements et par la non-fréquentation des Brahmanes, ils sont, par degrés, descendus, dans ce monde, au dernier rang des hommes (*Manou* x, 45).

A l'exemple des Indous, les Perses orthodoxes ont désigné également, dans leurs livres sacrés, le pays des Sakes sous le nom de *Túrán*, et plus tard encore les Persans, par une allusion maligne au mot de *Sak* qui, en leur langue, signifiait *chien*, les ont appelés *Sák-sár* (Têtes de chien) ou *Gourk-sár* (Têtes de loup).

Dès la plus haute antiquité les Sakes aussi bien que ceux des Hellènes qui n'avaient pas subi l'influence des systèmes religieux des Pelasges kimméro-thrákes et des Egyptiens, se distinguaient parmi les peuples iafétiques, par ce qu'on pourrait appeler l'esprit laïc ou anti-sacerdotal, différant en cela des Indous, des Médo-Perses et des Kimméries-Keltes chez lesquels les prêtres et la caste sacerdotale exerçaient de tout temps une très-grande influence politique et sociale. Il paraît même que, fidèles à leurs tendances laïques, les Sakes ont particulièrement contribué à l'origine et à la propagation du Boudhisme. En effet, Boudhas était peut-être lui-même d'origine Çake; du moins il est appelé communément *Çakya-mounis* (Pénitent sake) ou *Çakya-sinhas* (Lion sake); et, suivant la tradition brahmanique, il était issu d'une famille de prêtres hérétiques qui, sortis de *Çaka-dvipa* (Ile c'est-à-dire Région des Sakes) étaient venus s'établir à *Magadha* (Propriété de Maga), endroit qui dans l'île passait pour avoir été le berceau primitif de l'hérésie boudhique.

Dès le quatrième siècle avant notre ère les Çakas se répandirent davantage vers le Sud et s'établirent sur les bords de l'Indus. Ils essayèrent même de pénétrer dans l'Inde, mais ils en furent repoussés par *Vikramâdityas*, roi d'Oudjayânî qui jugea sa victoire, qu'il remporta sur eux, tellement importante que non-seulement il prit lui-même le surnom de *Çakâri* (Ennemi des Çakas), mais qu'il institua aussi l'*ère des Çakas* (sansc. *Çakâbdha*) à dater de l'année 56 avant J.-Ch. où il avait vaincu ces nomades guerriers. A la fin du premier siècle après J.-Ch. les Çakas, nommés *Indo-Skuthes* par les Grecs, occupaient toute la partie Nord-Ouest de l'Inde. Ils étaient à cette époque sous la domination des Parthes (v. *Periplous d'Arrh.*) qui eux-mêmes étaient une branche de la race çake ou scythique. Dès le deuxième siècle avant notre ère les Çakas furent désignés, dans les livres chinois, sous le nom de *Yut* (cf. *Youe-tschi?*) et lorsque les

Chinois furent entrés en rapport plus direct avec les Indous par la religion de Boudha et qu'ils eurent appris d'eux le nom des *Çakas*, ils l'exprimaient, dans leur langue, sous la forme de *Ha-ka*. Au sixième siècle les Çakes passèrent sous la domination des Huns et disparurent ensuite peu à peu de l'histoire des peuples de l'Asie.

Il ne paraît pas que les Hellènes aient connu les Çakas, sous ce nom, antérieurement au cinquième siècle avant J.-Ch. Hérodote a sans doute le premier énoncé positivement l'identité de race des Sakes et du peuple, que de son temps, les Grecs appelaient *Skuthes*. Cependant, suivant l'érudit Tzètzès, les Grecs auraient emprunté le mot *Sakos* (bouclier) au nom même des *Sakes* lesquels, selon lui, auraient été les inventeurs de cette arme défensive. Or le mot *Sakos* se trouve déjà dans Homère (*Iliad.* 5, 126) et dans des noms épiques très-anciens, comme par exemple dans *Eurusakès* (Ayant le bouclier large), etc. Cependant le mot grec *sakos* signifiait sans doute *Protégeant* et dérivait du même thème que le mot *säkos* (Enceinte sacrée) et les mots correspondants norrains *hagi* (haie, enceinte) *högull* (Protégeant, cuirasse), etc. *Sakos* avait par conséquent, il est vrai, la même racine que le nom des Çakes, mais n'était pas dérivé de ce nom propre de peuple, à moins qu'on ne trouve plus probable d'expliquer ce mot comme signifiant proprement et originairement l'*arme sake*. Dans ce cas *Sakos* aurait été un mot étranger adopté par les Grecs sans qu'ils en eussent connu la signification et sans qu'ils eussent été en rapport direct avec les Sakes.

II. *Les Skolotes.* — D'après Hérodote, les peuples appelés *Sakes* par les Perses et *Skuthes* par les Grecs, se nommaient eux-mêmes *Skolotes*. Ce nom appartenait donc directement à la langue même de ce peuple. Or *Skolotes* (p. Skulutas) signifiait *Boucliers* (goth. *skildus* p. skuldus; anglos. *scyld*, norr. *skiöldr* p. *skialdr*, suéd. *sköld* p. *skiöld*). De même que *Gadheles* était transposé de *Galates* de même *Skolotes* était la transposition d'une forme plus ancienne *Skutulas* (cf. v. all. *Skudulo*) et dérivait d'un thème *skuda* (sansc. *tschad*) qui signifie *couvrir*, *protéger*. Les Skolotes se donnaient le nom de Boucliers selon l'usage ordinaire chez les peuples anciens de se nommer quelquefois d'après certaines armes, soit défensives, soit offensives. Ainsi *Wahan* (Bouclier) était un nom propre assez fréquent chez les Arménies, comme *Skiöldr* (Bouclier) et *Skudilo* (Petit bouclier) l'ont été plus tard chez les Scandinaves et les Germains. Le nom de *Pahlavas* signifiait *Haches d'armes*, celui de Sabins *Javelots*, celui de Langobards *Longues Halle-bardes*, celui de Franks *Framées*, celui de Hérules *Petites-Epées*, celui de Saxons *Coutelas*, etc., etc. Chez les Scythes comme chez leurs descendants les Slaves, les Germains et les Scandinaves, le bouclier ou la targe était aussi le symbole de la protection et par suite de la royauté et du commandement. Aussi Hérodote, dit-il, que *Skolotes* était un nom *royal* et que les Scythes qui se le donnaient de préférence portaient le surnom de *Scythes royaux*. Lorsqu'au septième siècle avant notre ère les Scythes, accompagnés de Kimméries et de Mèdes, pénétrèrent sous le nom d'*Aramées* (Venant de l'Arménie) dans l'Assyrie (v. *Plin.* H. N. 6, 19), le mot de *Skolotus* (Bouclier) paraît avoir passé alors dans les langues sémitiques. En effet le mot hébreu *Schälät* (Bouclier), correspondant au mot de Skolotus, semble être un mot exotique dans les idiômes sémitiques, bien que le verbe dénominal arabe *sallita* (être bouclier, protecteur, puissant, cf. sansc. *çaknomi* je suis capable, puissant) et le mot *Soultân*, *Salâtin* (Sultan) soient dérivés de *salat* ou *schälät*. Comme le mot *schälät* se montre dans la langue hébraïque, au moins dès le septième siècle avant notre ère, il est à présumer, si effectivement c'est un mot emprunté, que la transposition de la forme primitive de *Skululus* en *Skulutus* se soit opérée antérieurement à cette époque dans l'idiôme scythe lui-même.

III. *Mâgôg*. — Les peuples sémitiques, du moins les Hébreux, déjà antérieurement au septième siècle avant J.-Ch., ont désigné les Sakes ou les Skolotes sous le nom de *Mâgôg* (*Genès.* x). Ce nom évidemment d'origine étrangère aux langues sémitiques appartenait probablement à l'idiôme assur et signifiait sans doute le *Grand-amas* (cf. sansc. *mahas* grand; goth. *hauhs* amassé, élevé; all. *hôch*, pers. *gouh* amas, montagne) ou le *Grand Troupeau* (sansc. *muha-ghôçhas*) pour désigner la grande masse de tribus nomades dont se composait le peuple skolote à la fois guerrier et pasteur. Comme en hébreu le mot *gôi* (amas, peuple) dérivait également d'une racine signifiant *amasser* (héb. *gavah*) on a détaché dans la suite de *Mâgôg* le mot *gôg* (amas) pour désigner les Skolotes qui à cette époque commençaient d'envahir la Babylonie et la Palestine (v. *Ezéch.* 38, 39), et comme la signification de *Mâgôg* (grand-amas) s'était conservé dans la tradition, on a considéré *Gôg* comme issu ou comme fils de *Mâgôg*. C'est que les peuples anciens aimaient à envisager le berceau d'une nation, par rapport aux peuples qui en étaient sortis, sous le point de vue du rapport qui existe entre

le père (le grand) et son fils (le petit). De là les noms de *Grande-*
Arménie, de *Grande-*Scythie, de *Grande-*Phrygie, etc., pour désigner la mère-patrie de la *Petite-*Scythie, de la *Petite-*Arménie, de la
*Petite-*Phrygie, etc. On a donc aussi pu considérer *Gôg* comme le fils
de *Mâgôg* (grand-Gôg). Quoiqu'il en soit, les noms de *Gôg* et de *Mâgôg*
désignaient chez les Hébreux les Skolotes ou Skythes (*Hieronym.*
Comment. ad Ezéch. 38, 2; *Josèphe*, Antiquit. 1, 6, 3) qui avaient
vaincu les Kimméries, les Mèdes, les Mosches et les Thubals et qui
avaient même entraîné ces peuples, ainsi que les Perses et les Arménies, dans leur expédition contre Babylone (*Ezéch.* 38, 2; 39, 6; 38, 5).

IV. *Les Skuthes.* — Les Grecs apprirent, pour la première fois, à
connaître les tribus sakes ou skolotes, lorsqu'au septième siècle, poussées par le peuple tatare des *Issedones*, elles passèrent le fleuve que
les Kimméries avaient nommé le *Tanaïs* ou le *Fleuve* (cf. *Don, Dan-*
ubius). S'étant établies en Europe, sur les bords septentrionaux de
la mer noire, d'où elles chassèrent les Kimméries (*Hérodot.* IV, 12);
ces tribus sakes furent désignées par les Grecs asiatiques sous le nom
de *Skutes* (cf. *Hellanikos*, Skutika) ou *Skuthes* qui, dans leur langue,
était la traduction littérale du nom de *Skolotes* (cf. gr. *skutos*, lat.
scutum bouclier) et qui du reste appartenait aussi à l'idiôme scythe
lui-même, comme le prouve l'existence de ce mot dans les langues
slaves, germaniques et scandinaves qui en sont dérivées (vieux slav.
schtchit bouclier, lith. *skyda* bouclier, all. *schutz* protection, norr.
skuttingr bouclier). Comme la dénomination de Scythes est devenue
la plus généralement usitée dans l'histoire, nous nous en servirons
également pour désigner l'ensemble des peuplades de cette branche;
mais nous appellerons spécialement *Sakes* les Scythes établis au Nord
de la mer noire et *Scythes proprement dits*, ceux qui plus tard se sont
avancés plus au Nord et à l'Est de l'Europe.

La branche sake, skolote ou scythique, comme le prouvent les
livres sanscrits, était aussi ancienne dans le berceau primitif que les
autres branches de la souche de Iafète. Aussi, selon Hérodote, leurs
traditions nationales remontaient-elles à environ 1500 ans avant notre
ère. Les Scythes croyaient même pouvoir rivaliser d'ancienneté avec
les Egyptiens (v. *Justin.* II, 1). Mais si l'on considère d'abord que cette
race, semblable en cela aux Arabes ismaëlites avant Mohammed, est
restée, pendant plusieurs siècles, à l'état nomade, sans arriver à
fonder des Etats politiques; ensuite qu'elle n'est sortie que fort tard

de son berceau primitif pour entrer en Europe, et qu'elle ne s'est fait connaître dans l'histoire des peuples de l'Occident qu'à commencer du septième siècle avant notre ère, on concevra que les Scythes ont dû passer, comme du reste ils en convenaient eux-mêmes, (*Hérodot.* 4, 5) pour la plus jeune des nations de l'Asie occidentale. Bien qu'ils soient en quelque sorte les cadets de la race de Iafète, les Scythes ont cependant eu une nombreuse et intéressante postérité, d'où sont sortis les peuples les plus remarquables dans l'histoire du monde moderne. En effet, sur les confins de l'Europe et de l'Asie, les Scythes se sont divisés en deux branches : la branche *sarmate* et la branche *gète*. De la branche sarmate sont sortis les Lithvas, les Slaves et les Vendes, et de la branche gète les Germains et les Scandinaves. Comme jusqu'ici cette filiation n'a encore été que faiblement entrevue, sans jamais avoir été prouvée, elle a besoin d'être établie par des preuves solides et péremptoires. Ces preuves nous les produirons en les tirant à la fois de l'histoire, de la géographie, des traditions épiques et mythologiques et, surtout, de la langue et de l'état social, moral et intellectuel des peuples qui constituent la famille sake. Nous consacrerons à ces questions importantes une suite de mémoires dont le premier traitera, au point de vue purement ethnologique, *des Scythes et de leurs descendants.*

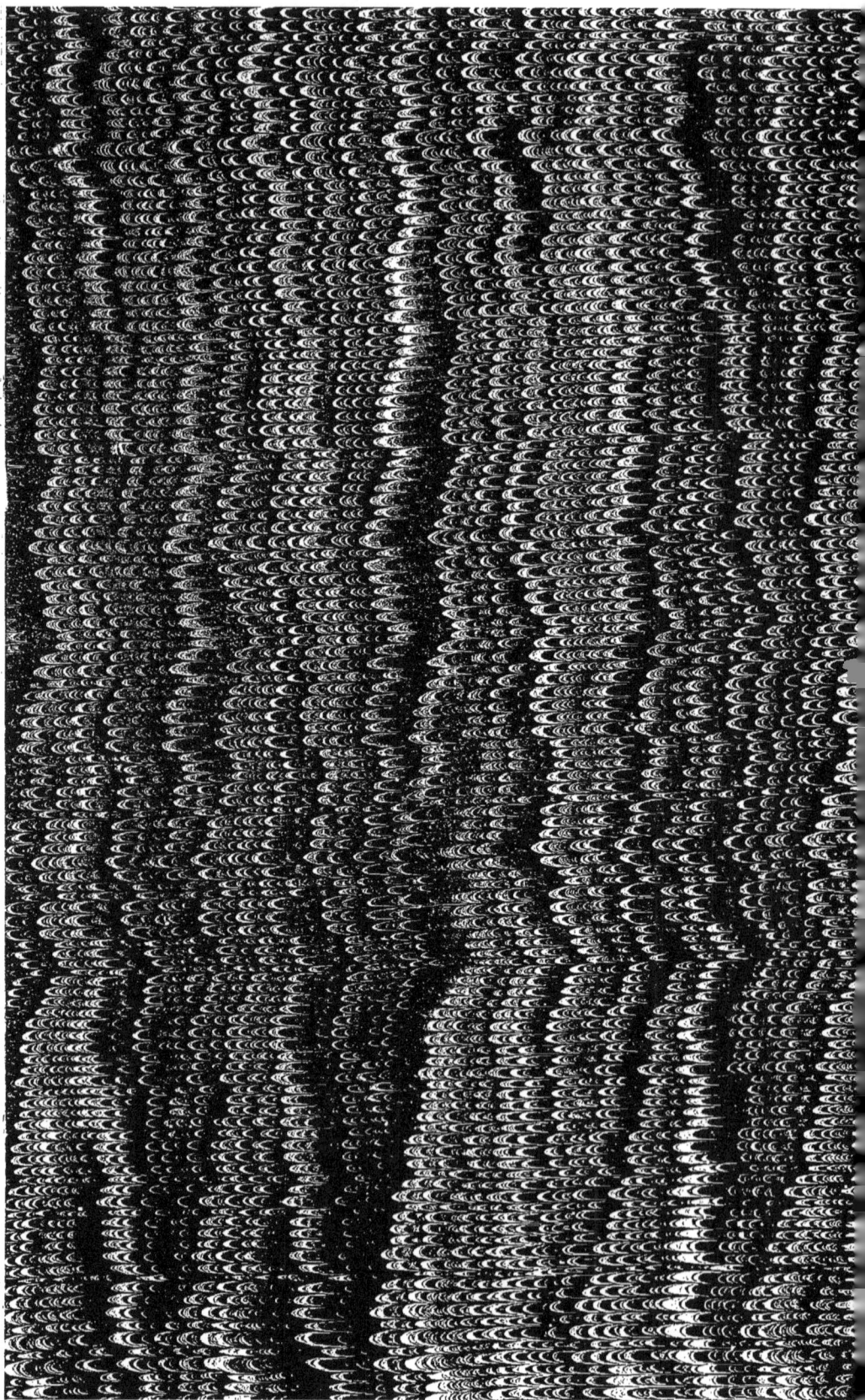

www.ingramcontent.com/pod-product-compliance
Lightning Source LLC
Chambersburg PA
CBHW070927280326
41934CB00009B/1775